COUR D'APPEL D'AMIENS

AUDIENCE SOLENNELLE DE RENTRÉE

DU 16 OCTOBRE 1901

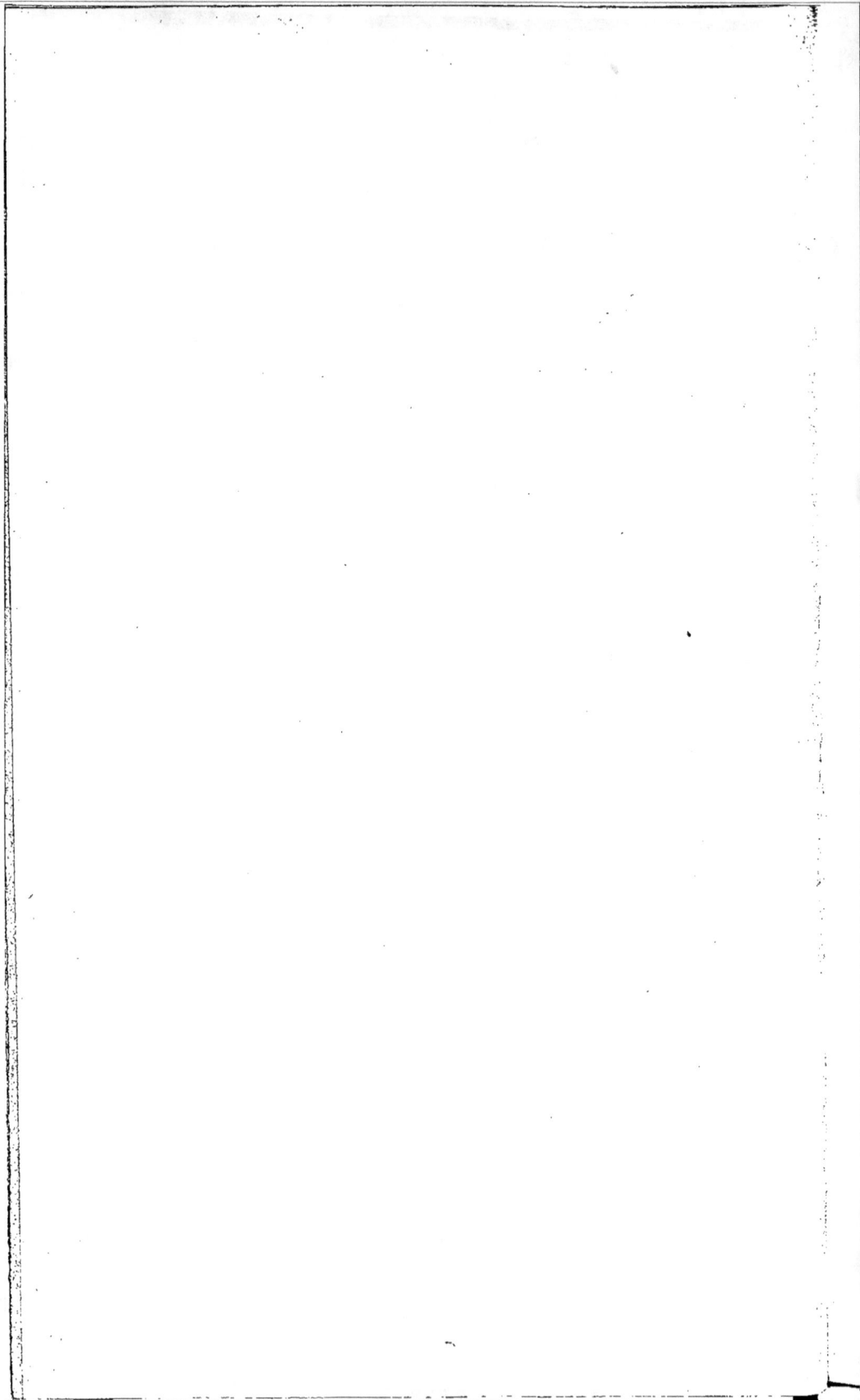

COUR D'APPEL D'AMIENS

—·—

AUDIENCE SOLENNELLE DE RENTRÉE

DU 16 OCTOBRE 1901

—·—

LA LIBERTÉ INDIVIDUELLE

Procès Pénal

—∗—

COURS

ONCÉ PAR

, Substitut de M. le Procureur général

AMIENS

IMPRIMERIE DU PROGRÈS DE LA SOMME

18, RUE DES SAINTES-MARIES, 18

—

1901

Audience solennelle de Rentrée

Le Mercredi 16 Octobre 1901, la Cour d'Appel d'Amiens s'est réunie au Palais de Justice, pour son audience solennelle de rentrée, à laquelle ont assisté les Tribunaux Civil et de Commerce, MM. les Juges de Paix, MM. les Avocats et Avoués. Les Autorités civiles, ecclésiastiques et militaires occupaient les places qui leur avaient été réservées. Les Membres du Barreau étaient assis aux places accoutumées.

Étaient présents : MM. MARQUET (O. ✳, ❂ I.), Premier Président ; BURDIN DE PÉRONNE, BORY, Présidents de Chambre : OBRY (✳ ❂ I.). Président de Chambre honoraire ; Caumartin (✱), doyen, Fournier, Wehekindt, Durand, Desrosiers (✪), Mesnard, Moll, Vasselle, Raoult, de Job, Le-Bègue (✪A.), Thorel (✪I.) et Millet, Conseillers ; Sourdat (✱), Crosnier, Conseillers honoraires ; Regnault, (O. ✱, ✪ I., Grand Officier de l'Ordre du Nicham de Tunis, Commandeur de l'Ordre de la Couronne d'Italie, Chevalier de l'Ordre de Sainte-Anne de Russie), Procureur général ; Lefaverais, Pironneau (✱), Avocats généraux : Dumontet, Pennellier, Substituts du Procureur général : Macque, Greffier en chef : Briaux, Fischer, Boucher, Commis-Greffiers assermentés ; était absent M. le Conseiller Moncourrier-Beauregard, malade.

L'audience publique et solennelle ayant été ouverte, M. le Premier Président a donné la parole à M. le Procureur général. Alors M. Dumontet, Substitut de M. le Procureur général, s'est levé et s'est exprimé ainsi :

LA LIBERTÉ INDIVIDUELLE

DANS LE PROCÈS PÉNAL

———

———

« *Chaque jour le temps fait son œuvre...*
« *alors que tout change ou se modifie si*
« *rapidement autour de nous, la législation*
« *seule ne saurait rester immuable et les*
« *lois pénales sont celles qu'il importe le*
« *plus de plier successivement aux amen-*
« *dements que l'observation des faits con-*
« *seillent et que l'autorité de la pratique*
« *légitime....* ».

[DEBELLEYME. *Rapport sur la loi de 1863*].

Monsieur le Premier Président,

Messieurs,

Elles sont actuellement nombreuses et fré-
quentes les protestations généreuses et éloquentes
de ceux qui, hommes politiques, publicistes,
jurisconsultes, magistrats et avocats, jetant un
cri d'alarme, proclament que la liberté individuelle, en France, n'offre pas les garanties qu'on
devrait attendre de la loi, après les conquêtes
si chèrement payées de la Révolution, et alors
que, depuis un siècle déjà, inscrites dans la
« *Déclaration des Droits de l'Homme* », elles
font partie intégrante du pacte social.

« La liberté est, en effet, un droit pour le
« citoyen ; ne pas la lui accorder, c'est violer le
« contrat qui le lie à la société (1). Et si l'indi-
« vidu a ce droit, il faut par suite qu'il ait la

(1) *Une réforme indispensable.* — *De la liberté individuelle*,
par Me Coulon, avocat à la Cour d'Appel de Paris. — Marchal
et Billard, 1901.

« liberté de ses mouvements, mais dans sa dignité,
« dans sa considération... »

Est-il donc vrai que notre législation ne réponde
plus aux principes admis et formulés par les
penseurs et les criminalistes les plus éclairés de
l'Europe contemporaine ?

L'affirmative n'est que trop certaine, puisque,
dès 1879, dans l'exposé des motifs du projet de
loi sur la réforme de notre Code d'Instruction
Criminelle, M. le Garde des Sceaux Le Royer
constatait le mal et sollicitait le Parlement d'y
porter remède, par l'examen et le vote rapides
des nouveaux textes que le Gouvernement sou-
mettait à ses délibérations.

Depuis lors, toutefois, la promulgation de la
loi du 8 décembre 1897, a fait faire un pas
immense dans la voie de l'amélioration progres-
sive du sort de l'individu en conflit avec l'ordre
social. Mais, il n'en reste pas moins à réaliser
encore de sérieux progrès en vue *d'humaniser*,
pour ainsi parler, les nécessités de la Justice,
d'atténuer les rigueurs de l'instruction préparatoire, concilier, en un mot, dans la plus large
mesure, le droit à la liberté que possède tout
citoyen, avec le devoir non moins impérieux de la
sauvegarde sociale.

Tel était l'objet du projet législatif du 27

« liberté de ses mouvements, mais dans sa dignité,
« dans sa considération... »

Est-il donc vrai que notre législation ne réponde
plus aux principes admis et formulés par les
penseurs et les criminalistes les plus éclairés de
l'Europe contemporaine ?

L'affirmative n'est que trop certaine, puisque,
dès 1879, dans l'exposé des motifs du projet de
loi sur la réforme de notre Code d'Instruction
Criminelle, M. le Garde des Sceaux Le Royer
constatait le mal et sollicitait le Parlement d'y
porter remède, par l'examen et le vote rapides
des nouveaux textes que le Gouvernement sou-
mettait à ses délibérations.

Depuis lors, toutefois, la promulgation de la
loi du 8 décembre 1897, a fait faire un pas
immense dans la voie de l'amélioration progres-
sive du sort de l'individu en conflit avec l'ordre
social. Mais, il n'en reste pas moins à réaliser
encore de sérieux progrès en vue *d'humaniser*,
pour ainsi parler, les nécessités de la Justice,
d'atténuer les rigueurs de l'instruction préparatoire, concilier, en un mot, dans la plus large
mesure, le droit à la liberté que possède tout
citoyen, avec le devoir non moins impérieux de la
sauvegarde sociale.

Tel était l'objet du projet législatif du 27

novembre 1879, dont le vote définitif est encore attendu, tel est le but de la proposition de M. le député de Ramel, déposée en 1898, qui va venir en discussion, à bref délai, devant la Chambre, tel sera le sujet de cette étude, analyse forcément restreinte et superficielle d'un problème si vaste et si complexe.

Du droit d'arrestation.

Il est aujourd'hui admis, dans toutes les législations, que *l'arrestation*, première atteinte à la liberté individuelle, ne peut se produire sans mandat régulier de l'autorité compétente.

Si l'arrestation ne fait pas toujours, à celui qui en est l'objet, un tort irréparable, il faut reconnaître, qu'arracher un citoyen à son foyer domestique est en soi un acte grave, c'est déjà, sinon une première flétrissure, tout au moins un amoindrissement de l'individu aux yeux de ses concitoyens, une souffrance, un déchirement véritables pour l'homme libre, *peut-être sans reproche*. En effet, des apparences trompeuses, d'étranges coïncidences, un fâcheux concours de circonstances, une homonymie regrettable, un signalement donné légèrement, des soupçons téméraires de la part de plaignants affolés, sans compter des affirmations exagérées, mensongères, dictées par la haine ou la vengeance..., tout peut parfois concourir, au début d'une information judiciaire, à faire peser sur un innocent la responsabilité d'un crime ou d'un délit que l'enquête arrivera bientôt à justifier (1).

C'est là, je le concède, un danger sérieux, mais comment *évitable ?* — Tout le monde est bien d'accord pour répondre qu'il n'y a d'autre remède que les qualités personnelles du magistrat investi de cette lourde et terrible mission.

L'arrestation exige de la part du magistrat qui l'ordonne de la prudence et de la sagacité. On ne saurait l'entourer de trop de précautions (2).

(1) D'après M. le professeur Larnaude, « l'arrestation a « quelque chose d'irrémédiable ; c'est une brèche irréparable « à la réputation d'un homme... il en restera probablement « toujours quelque chose, et une tare injustifiée aura ainsi « atteint un honnête homme et sa famille ».

(2) « La liberté individuelle (par opposition au droit de propriété qui a la solidité de la roche dure) est une plante fragile, aux fleurs délicates, qu'on peut flétrir rien qu'en les effleurant, et flétrir pour toujours ! qui doit être entourée de barrières protectrices et à laquelle il faut une protection toute particulière.

(LARNAUDE. — *Ibid*).

La liberté individuelle revendiquée par Me Coulon, avocat à la Cour d'Appel de Paris, ne se réduit pas au droit de n'être ni arrêté ni détenu hors les cas prévus par la loi..... liberté

Faut-il ajouter qu'elle n'est justifiée que si elle apparait indispensable à la manifestation de la vérité, et cela surtout, n'est-il pas vrai, quand le passé de l'inculpé, la considération dont il jouit, proteste contre les soupçons dont il est l'objet.

A qui donc la loi accorde-t-elle le droit d'arrestation ?

1° En matière de flagrant délit et dans les cas qui y sont assimilés, à tout agent ou dépositaire de la force publique, — bien plus, *à toute personne,* qui, aux termes de l'art. 106 du Code d'Instruction Criminelle, sera tenue *d'arrêter* et de saisir le coupable et de le conduire devant

de sa personne s'entend, tous les droits personnels entraînant avec soi la faculté d'aller, de venir, d'exprimer ses pensées, d'exercer une industrie, de disposer de ses propriétés et de toutes ses actions à la seule condition de se conformer à la loi et de ne pas nuire à autrui.

« La véritable liberté » a écrit Emile Ollivier, « ou plutôt le fond, l'essentiel, la substance de toute liberté civile ou sociale, c'est-à-dire celle d'être le législateur de sa famille, vivant par l'éducation, mort par le testament ; de pratiquer librement sa religion ou sa philosophie, de s'associer pour la charité, pour la prière, pour la défense de son travail, pour l'exercice en commun de tous les actes qui se rattachent à la vie privée ou à la vie sociale ; d'être le souverain absolu de son corps et de son esprit, de sa conscience et de ses intérêts en tout ce qui ne concerne pas les autres et n'est pas de nature à compromettre l'ordre public ».

(COULON, voir *supra,* page 1*).*

le Procureur de la République, *sans qu'il soit besoin d'un mandat d'amener......*

2° Aux Préfets dans les départements, et au Préfet de police à Paris (Art. 10, C. I. C.).

3° Au Juge d'instruction (Art. 91 et s. C. I. C.).

Flagrant Délit.

Dans l'hypothèse du flagrant délit, on se trouve en présence non point tant d'un droit que d'une obligation véritable imposée par la loi de livrer à la justice le coupable surpris.

Et ici l'arrestation est à ce point justifiée par les nécessités d'ordre public, qu'elle a toujours échappé à la critique des réformateurs les plus hardis, apôtres irréductibles de la liberté indivi-duelle durant l'instruction préparatoire.

A noter, en passant, toutefois que l'article 106 du Code d'Instruction Criminelle, pris au pied de la lettre (1), ne permet de saisir le coupable

---

(1) Art. 106, C. I. C. « Tout dépositaire de la force publique, et même toute personne, sera tenu de saisir le prévenu surpris en flagrant délit, ou poursuivi, soit par la clameur publique, soit dans les cas assimilés au flagrant délit, et de le conduire devant le Procureur du Roi (Procureur de la République), sans qu'il soit besoin de mandat d'amener, si le crime ou délit emporte peine afflictive ou infamante. »

surpris que s'il a commis *un crime.....*, d'où
l'invraisemblable conséquence que l'autorité ou
le simple particulier ne devrait point, *sans
mandat*, procéder à l'arrestation *d'un voleur à
l'étalage*, par exemple ! Le bon sens, dès lors,
a fait commettre à des citoyens ou à des fonctionnaires de tout ordre bien des illégalités,
car jamais, avant la loi de 1863 qui a impli-
citement complété l'article 106 du Code d'Instruction Criminelle, la gendarmerie, la police et
les simples particuliers, ne se sont fait faute de
mettre en état d'arrestation, sans distinction
du fait punissable, délinquants aussi bien que
criminels.

Le mutisme de la législation à cet égard,
avant 1863, a pu faire dire, non sans raison, à
un savant Professeur à la Faculté de Droit de
Paris, — M. Garçon, — (et l'observation ne
manque pas d'originalité), « que nos lois sacri-
« fiant la liberté n'assurent pas toujours prati-
« quement la répression, quand elle est légitime,
« que même, à ce point de vue, elles sont impar-
« faites et insuffisantes. Rien ne le montre
« mieux, ajoute M. Garçon, que l'article 106
« du Code d'Instruction Criminelle. *Ici, la liberté
« individuelle est trop protégée* et, pour cette
« raison, cette disposition n'a jamais été respec-

« tée en pratique, et, en réalité, elle ne pouvait
« pas l'être ». (1). (2).

J'ajoute, dans cette ordre d'idées, qu'une autre
lacune existe encore dans la loi, — c'est de ne
pas autoriser expressément, dans certains cas,
l'arrestation d'un criminel présumé, après que le
temps du flagrant délit est passé, lorsqu'il n'existe
pas de mandat décerné contre lui. Dans l'hypothèse, par exemple, où une circonstance fortuite
met la gendarmerie ou la police en présence
d'un meurtrier resté jusque-là inconnu, il est
bien évident que le devoir de l'agent de la force
publique est de s'assurer *d'abord* de la personne
du coupable présumé, et, dans la pratique courante, on n'agit pas autrement. Cependant, cette
main-mise provisoire sur l'individu pour le conduire devant la justice est, théoriquement du

(1) *Revue pénitentiaire*, — Mars 1901, page 441.

(2) Art. 106, C. I. C. « Aux termes d'un arrêt de Cassation
du 30 mai 1823 » (s. 83. 1,353. D. 12,558).
Le droit d'arrestation doit être reconnu aux gendarmes et
aux militaires en général, indépendamment de toute réquisition de l'autorité compétente.
Que le fait emporte peine afflictive ou infamante, ou seulement correctionnelle, les dépositaires de la force publique
sont tenus de prêter main-forte en cas de flagrant délit ;
lorsque le fait est seulement assimilé à un flagrant délit, ils
ne sont tenus de déployer la même activité qu'autant que le
fait est passible de peines afflictives ou infamantes.

2.

moins, une arrestation arbitraire, puisqu'elle est illégale...! Loin de la blâmer, on ne peut, au nom de la répression, que l'approuver sans réserves.

Mais si, dans l'hypothèse signalée, on a pu prétendre la liberté *trop protégée*, examinons si, à l'inverse, les Codes de 1811 ne contiennent point des dispositions qu'on a qualifiées de « vrai-« ment attentatoires à la liberté »...

De l'article 10
du Code d'Instruction Criminelle.

L'article 10 du Code d'Instruction Criminelle a été dès longtemps l'objet des plus sévères critiques.

Dans la presse, du haut de la tribune parlementaire, au sein des sociétés philanthropiques qui sont l'honneur de notre pays, des hommes éminents appartenant à la politique ou au barreau, des jurisconsultes, ont bien des fois réclamé des Pouvoirs publics l'abrogation pure et simple de dispositions législatives accordant à l'autorité préfectorale la prérogative du droit d'arrestation.

D'aucuns s'indignent « qu'une aussi choquante « anomalie dans un régime démocratique », qu'une arme aussi dangereuse, susceptible d'autoriser et de faire naître les pires abus, subsiste encore, qui met à la merci du ·Gouvernement la liberté individuelle.

En effet, dit-on, en vertu de l'article 10, au nom de la tranquillité et de l'ordre publics, mais, en réalité, pour des motifs qui peuvent n'être que d'ordre purement politique, il est loisible au Ministère de l'Intérieur, par l'intermédiaire de ses agents immédiats, en dehors et au-dessus de la magistrature, d'attenter à la liberté du citoyen, à toute heure de sa vie publique ou privée, de franchir le seuil de son domicile pourtant inviolable, d'y opérer des perquisitions, de pratiquer des saisies de papiers, de violer le secret des correspondances…, tous actes qui ressusciteraient le règne « du bon plaisir », sous une forme autre, mais avec les mêmes conséquences néfastes.

C'est, ajoute-t-on, avec un pouvoir de cette nature qu'on prépare une Révolution, qu'on fait « un coup d'Etat » !

Un de ses adversaires les plus déclarés, M. le professeur Garçon, a raconté, au sujet de l'article 10, une piquante anecdote qui, malgré la gravité du sujet, trouve ici utilement sa place. Je lui laisse la parole :

« Il y avait à Poitiers, à la fin de l'Empire, un

« journal républicain. Après la Révolution de
« 1870 et pendant la Commune, celui qui le
« dirigeait a voulu quitter la ville. A la gare, il
« a trouvé un commissaire de police, qui a pro-
« cédé à son arrestation en vertu de l'article 10.
« Il a été mis à la Visitation (c'est le nom que
« la prison a gardé dans le langage populaire de
« cette ville). On a maintenu quelques jours
« l'arrestation ; puis on lui a rendu la liberté,
« sans que la justice fût le moins du monde inter-
« venue. D'ailleurs, comment aurait-on pu le
« poursuivre ? — Il n'avait commis aucun délit.
« Le journaliste a fait un procès au Préfet : je
« n'ai pas besoin de vous dire qu'il le perdit.
« Plus tard, il devint Préfet à son tour et les
« renseignements que je possède ne me disent
« pas s'il a usé de l'article 10. »

L'aventure est plaisante, n'est-il pas vrai, mais
elle porte en soi un enseignement et, comme le
fait n'est point isolé, sans doute, elle constitue un
argument péremptoire, s'il en était besoin, en
faveur de l'abrogation d'un texte qui permet de
se jouer *légalement,* pour ainsi dire, de la liberté
individuelle.

On a encore prétendu que le droit conféré par
l'article 10 était une violation flagrante du principe de la séparation des pouvoirs, « que cette

« conception particulière était, toute entière, en
« France, dirigée, à raison même de son déve-
« loppement historique, contre le pouvoir judi-
« ciaire ».

A ne consulter que la genèse de cette disposition, de pure inspiration napoléonienne, il paraît
hors de doute que la volonté impériale, lors de
la rédaction des Codes de 1811, entendait donner à ses préfets, ses véritables intendants, choisis,
d'ailleurs, avec un soin scrupuleux, un pouvoir
en dehors et au-dessus de la magistrature. Sans
prendre autrement souci des risques éventuels
que pouvait courir la liberté individuelle, il don-
nait ainsi aux agents immédiats de son gouvernement personnel, l'investiture d'une prérogative dont les avantages étaient, dans l'intention
qui les dictait, d'autant plus tangibles et évidents
que le pouvoir attribué était plus grand, et
exercé, du reste, sans autre contrôle que le sien.

On ne saurait, au surplus, s'étonner qu'au
lendemain de perturbations profondes, alors que
tant de crimes étaient restés impunis, l'action
publique désemparée, dans la confusion générale,
la société, alors avide de repos et de sécurité,
ait pu accepter, sans protestations, le Conseil
d'État lui-même, — finalement adopter, — (cependant, dit-on, non sans quelques velléités de

résistance), — le principe d'un pouvoir aussi discrétionnaire entre les mains des préfets.

Mais, Messieurs, il appartient, n'est-ce pas, à une époque plus calme, plus soucieuse, comme la nôtre, des droits de l'individu, de se demander s'il est nécessaire ou si, au contraire, il n'est pas exorbitant et dangereux de laisser aux mains des hauts fonctionnaires administratifs une arme aussi anti-démocratique. D'ailleurs, les premiers, peut-être, ils ne sont rien moins que désireux de la conserver.

Est-ce à dire que l'article 10, tout imprégné de l'époque du césarisme qui l'a vu naître, est en réalité une violation manifeste du principe de la séparation des pouvoirs ?

Les opinions sont divisées sur ce point, purement spéculatif. La réponse, du reste, n'est peut-être pas si simple. (1)

Mais qu'importe après tout que la prérogative qui découle de l'article 10 constitue ou non une

---

(1) D'après un système judicieux sans doute, si l'autorité chargée de rendre la justice doit être toujours et nécessairement indépendante de l'autorité chargée de l'administration, on ne voit pas bien, à première vue « comment la séparation « des pouvoirs qui n'est au fond qu' « une mesure de travail » « convergeant vers le même but, d'assurer la meilleure admi- « nistration et la meilleure justice, reçoit une atteinte, parce « qu'on attribuera à la première le droit d'arrestation », si,

dérogation plus ou moins certaine au principe
de la séparation des pouvoirs, ce que l'on concède,
en définitive, c'est « qu'il est prudent et légitime
d'enserrer le pouvoir d'arrestation des préfets
dans des limites étroites et précises ». — Cette
concession est-elle suffisante et faut-il aller, comme
le projet de Ramel et les conclusions de la Commission parlementaire, jusqu'à l'abrogation pure
et simple de l'article 10 ?

C'est ce que nous allons maintenant examiner.

Un des réquisitoires les plus énergiques contre
le maintien de l'article 10 dans notre législation,
je le trouve dans l'exposé des motifs du projet
Le Royer « il ne serait justifié, — *(du moins en*
« *ce qui concerne les préfets des départements)* —
« par aucune considération d'intérêt ou d'ordre
« général ».

D'après ce document, sous les anciens régimes,
le droit ainsi conféré n'aurait, en fait, donné
lieu qu'à des abus, l'autorité préfectorale ne s'en

d'ailleurs, à la seconde seule et exclusivement appartiendra
le droit d'apprécier ensuite *le maintien* de l'arrestation et le
sort éventuel de la poursuite.

(Voir, *Revue pénitentiaire,* fév. 1901, page 236. Observations
de M. Berthélémy, professeur à la Faculté de Droit).

Renfermée dans ses termes, l'opinion pourrait être soutenue
victorieusement, mais on verra plus loin combien il y a loin
de la *théorie* à la *pratique.*

étant jamais servi que pour substituer, arbitrairement parfois, son action à celle de la magistrature.

Bien plus, il appert de la discussion préparatoire, que le danger signalé, de l'avis de certains membres de la Commission, subsisterait toujours si la disposition de l'article 10 était même restreinte, *au cas de flagrant délit*. C'est, vous l'estimerez sans doute, Messieurs, aller un peu trop loin.

Quoiqu'il en soit, on réédite encore aujourd'hui combien serait périlleux pour l'Etat de désarmer la haute autorité qui, dans ses attributions, outre l'administration proprement dite, possède la surveillance de tout ce qui intéresse sa sécurité et le maintien du bon ordre.

Est-ce à dire que les préfets, privés d'un droit, en fait très rarement exercé, seraient vraiment désarmés ?

Non, car, supérieurs hiérarchiques des Commissaires de police, il leur serait toujours, comme tels, loisible de donner à ces auxiliaires, l'ordre de faire, dans la limite de leurs pouvoirs propres, les actes qu'ils jugeraient opportuns, utiles ou nécessaires. « Le Préfet ne déléguera plus », « mais il pourra, en réalité, donner des ordres « de service », ordres que le Commissaire de police exécutera, *comme officier de police judi-*

ciaire, dressant de ses opérations procès-verbal qu'il aura l'obligation de transmettre, suivant le droit commun, à l'autorité judiciaire seule et exclusivement compétente pour diriger l'action publique.

De cette manière, la police judiciaire reste toujours sous la dépendance immédiate des magistrats du Parquet.

En 1879, en proposant l'abrogation de l'article 10, en ce qui concernait les préfets *des départements,* je faisais remarquer tout à l'heure que le Gouvernement avait formulé une restriction formelle en faveur du Préfet de Police à Paris.

Examinons les objections vraiment judicieuses qui, sur ce terrain là, ont été présentées autrefois et, dont certaines d'entr'elles, sont, encore à l'heure actuelle, formulées avec la plus grande énergie :

Motifs secrets et mystérieux, opérations dictées par des nécessités « d'ordre politique », on n'invoque plus maintenant la raison d'Etat pour appuyer le maintien du *statu quo* en faveur de la Préfecture de Police (1).

_____

(1) L'utilité de l'article 10 pourrait-il être admissible dans les affaires politiques ? — « Je ne connais pas deux justices : « une justice de droit commun et une justice politique », répond M. le professeur Garçon, il n'y en a qu'une seule. Et

C'est seulement au point de vue du « droit commun » que l'on se place pour dire que, dans l'organisation actuelle (1) et dans la pratique courante, la Préfecture de Police est devenue le principal instrument de la police judiciaire : *que c'est là que sont d'abord adressés les procès-verbaux et que le Préfet de Police est juge de l'opportunité de saisir la Justice.* Alors, les mesures urgentes sont prises par ses auxiliaires, *surtout en vertu de mandats émanés de lui.* Dans beaucoup de cas qui requièrent célérité, on ne pourrait, dit-on, aviser la Justice et attendre soit un ordre du Parquet, soit un mandat du Juge d'instruction, sans risquer d'arriver trop tard, — par exemple, dans l'hypothèse d'une

je ne veux pas mieux comprendre cette utilité dans les affaires politiques que dans les affaires de droit commun. Je ne veux pas comprendre pourquoi les citoyens seraient moins bien garantis, si on les accuse de conspirer que si on les accuse d'assassinat. Je ne dis pas qu'ils doivent l'être plus ; mais ils doivent l'être de la même manière. Cependant, si vous voulez toute ma pensée, j'ajouterai que c'est toujours en matière politique que les garanties sont nécessaires, parce que l'histoire enseigne que c'est pour eux surtout qu'on est tenté de violer la liberté !

(Procès-verbal de séance de la Société des Prisons du 28 février 1901).

(1) Il n'est peut-être pas inutile de faire remarquer ici que l'organisation de la Préfecture de Police est encore régie par l'arrêté des Consuls du 12 messidor, an VIII... !!!

arrestation, avant qu'ils aient franchi la fron-
tière, des auteurs soupçonnés de crimes ou de
délits ; au surplus, saurait-on disconvenir, quand
il s'agit d'attentats contre la sûreté de l'Etat que,
par les moyens sérieux d'investigation dont il
dispose, le Préfet de Police ne soit mieux placé
que le Parquet pour surveiller les actes prépara-
toires, et, pour agir, s'il y a lieu, en temps
utile ?

Sans parler de certains cas spéciaux où la
rapidité de l'arrestation est une condition nécessaire du succès : en matière de fausse monnaie,
de tenue de jeux de hasard clandestins dans des
domiciles particuliers variant chaque nuit, pour
la recherche et la découverte des voleurs. Dans
ce dernier cas, le *droit de perquisition* permet
seul de frapper juste, *pourvu qu'il soit exercé
pour ainsi dire instantanément*.....

N'ajoutons pas à cette nomenclature les con-
traventions en matière de régie (boissons, allu-
mettes, cartes à jouer), puisque, à l'exclusion de
l'exercice de l'article 10, la loi de 1816, qui a
tout prévu, permet aux agents de l'administration des Contributions indirectes de constater les
fraudes fiscales par des mesures attentatoires à la
liberté qui seraient vexatoires au premier chef
si elles n'étaient une nécessité.

L'hygiène et la santé publique sont également protégées par des lois spéciales, autorisant des constatations et des saisies, telles la loi du 16 avril 1897 sur la répression des fraudes en matière de beurre, accordant aux inspecteurs le droit de pénétrer dans les locaux où on fabrique, où on prépare, où on vend le beurre ; telles enfin, des lois, plus anciennes encore, relatives aux halles et marchés, accordant des pouvoirs particuliers aux agents chargés de la surveillance et du contrôle des denrées alimentaires.

Je ne m'étonne pas, Messieurs, pas plus, je le pense, que vous ne le serez vous-même, que toutes les considérations, mises en avant pour le maintien de l'article 10 en faveur de la Préfecture de Police, n'aient pas prévalu devant la Commission parlementaire de la Chambre.

Cependant, au Sénat, plus tard, après avoir entendu le Préfet de Police et le Ministre de l'Intérieur, la Commission se décida à appuyer le Gouvernement, *et l'article 10 fût respecté ;* il fut tout au moins maintenu en faveur de la Préfecture de Police, par un vote, en seconde délibération, en août 1882.

Il est vrai que l'article 10 amendé contient une disposition additionnelle, — d'ailleurs fort anodine et pratiquement inoffensive. On lit, en

effet, « que, dans les affaires où le Préfet de Police
« a agi en vertu du présent article, *si le bien de*
« *la Justice* exige qu'il lui soit demandé de nou-
« veaux renseignements, les officiers chargés de
« l'instruction lui demandent ces renseignements
« par écrit et le Préfet de Police *est tenu* de les
« donner dans la même forme ».

« *Si le bien de la Justice l'exige !...* » Mais
qui sera juge de cette éventualité ? — Le Préfet
de Police ou l'autorité judiciaire ?? — Le Préfet
seul, sans doute, car, n'oublions pas le principe,
son pouvoir reste discrétionnaire puisqu'il est
resté *appréciateur de l'opportunité de saisir la
Justice elle-même !...*

On est réduit aux conjectures sur les motifs
allégués par le Ministre de l'Intérieur et son
subordonné, au sein de la Commission parlementaire du Sénat, pour entraîner sa conviction et
faire fléchir ses intentions premières.

Les raisons données sont-elles « d'ordre pure-
« ment politique », d'ordre exclusivement gou-
vernemental ???...

On comprendra qu'il ne nous appartienne pas
d'insister sur un ordre d'idées d'une nature si
délicate, mais, puisque la question est encore à
l'état de proposition de loi, il reste loisible à un
magistrat de la critiquer.

Vous savez, en effet, et je vous la rappelle, la pratique courante suivie à la Préfecture de Police en vertu du texte séculaire de messidor an VIII encore en vigueur : les procès-verbaux sont *d'abord* adressés au Préfet de Police. En quoi, demandons-nous, cette centralisation est-elle nécessaire ? — Admis même qu'elle peut présenter des avantages, quels sont-ils en comparaison des inconvénients certains qu'elle est susceptible d'engendrer ? Ne voit-on pas le premier de tous, — celui qui peut prêter à l'abus ?

Le Parquet ne demeure plus, *dans tous les cas,* libre de la direction de l'action publique, puisqu'il n'est saisi, en réalité, que des procès-verbaux, préalablement soumis à l'examen du Préfet de Police, après une sélection qu'il est toujours loisible à ce haut fonctionnaire d'opérer..., et dont il demeure seul juge !

Restent les cas d'urgence démontrée : si les indications de la Sûreté sont suffisantes, si la surveillance de délits latents a permis de se convaincre qu'on peut maintenant agir, y a-t-il donc une si grande distance entre la Préfecture de Police et le Parquet, pour que, au lieu du mandat décerné par le Préfet, dans un cas requérant célérité, on ne puisse obtenir, de jour et de nuit, et cela d'une manière permanente, un ordre du Parquet ou un mandat du Juge d'instruction !

S'agit-il même d'un attentat contre la sûreté de l'Etat ? — La police veille, et, au moment opportun, le Parquet avisé peut, sans désemparer, saisir le Juge d'instruction.

Mais il y a plus, qu'on se souvienne des arguments invoqués par le projet Le Royer lui-même, pour dépouiller les préfets des départements de la prérogative de l'article 10, tels ils subsistent, opposables, et avec tout autant de force au Préfet de Police qui, supérieur hiérarchique par excellence des commissaires de police, pas plus que ses collègues des départements, ne sera sérieusement désarmé par l'abrogation du texte entrepris ; comme eux, ce haut fonctionnaire aura la latitude de donner à ses auxiliaires, des ordres de service. Ceux-ci, *comme officiers de police judiciaire*, agiront, avec leur pouvoir propre, et transmettront, non plus à la Préfecture mais au Parquet, le résultat de leurs opérations.

N'est-ce pas là une manière de concilier les nécessités de la répression, — au point de vue du droit commun, — sans avoir recours à l'article 10 ?

Est-il, dès lors, juste de prétendre, comme on l'a affirmé, « que le jour où l'article 10 serait

« rayé de notre Code.... la Préfecture de Police
« n'aurait plus qu'à déménager ? » (1).

D'aucuns, adoptant un moyen terme, ont proposé de laisser au Préfet de Police, le pouvoir de
délivrer des mandats d'arrestation et de perquisition, mais, *à une condition* expressément dé-
terminée que, *dans tous les cas,* et quels qu'aient
pu en être les résultats, il y aurait *obligation* de
transmettre à la Justice, les procès-verbaux cons-
tatant les opérations.

Alors, une garantie de plus est donnée à l'individu qui saura désormais que l'inviolabilité de
sa personne comme celle de son domicile resteront
toujours, en définitive, sous la sauvegarde immédiate de la Justice, c'est-à-dire environnée de
formalités protectrices et des garanties nouvelles
(dont nous allons bientôt parler), qui sont pro-
posées en faveur de la liberté individuelle...

Alors, aussi, plus d'arrestation arbitraire, plus
de détention *sans mandat* à raison de faits vagues
et indéterminés, plus de ces affaires, — selon
une heureuse expression, — « qui tombent dans
le néant », non sans avoir été la cause d'une

---

(1) M. PUIBARAUD, Inspecteur général des prisons, Directeur
du service des recherches à la Préfecture de Police. — Procès
verbal de la séance du 16 janvier 1901 de la Société Générale
des Prisons. *Revue pénitentiaire,* page 216.

arrestation trop hâtive, sinon même d'une détention préalable injustifiée.

La restriction dont il s'agit constituerait-elle
le remède cherché, l'entrave certaine aux abus
qu'on impute à la Préfecture de Police ?

Peut-être, mais nombreux sont les sceptiques
qui se permettent de supposer que la pratique ne
serait pas rigoureusement suivie !...

Sans élever un soupçon aussi grave que j'estime, pour ma part, injustifié, et quoique je sois
partisan convaincu de l'institution de la Préfecture de Police (1), je n'hésite pas à conclure
qu'il faut abroger l'article 10 en son entier, parce

---

(1) « Je suis partisan convaincu de la Préfecture de Police »
disait M. Picot (Séance du 20 mars 1901 de la Société générale
des Prisons) « Malgré tout le mal qu'on en a dit depuis cent
« ans, j'estime qu'il est peu d'institutions qui aient rendu de
« tels services. J'ai remarqué qu'elle avait eu le privilège
« d'être attaquée par tous les hommes de désordre et défendue
« par tous ceux qui avaient quelque souci de l'ordre public.
« Il est bon qu'il y ait, dans une grande ville comme Paris,
« une institution qui n'ait d'autre objet que le maintien de
« la paix publique, qui soit armée de toutes les attributions
« que possède le pouvoir exécutif pour assurer la protection
« des personnes et des propriétés par la stricte exécution des
« lois. Assurément, il faut que les hommes en société aient
« le souci de la liberté ; mais où la liberté trouverait-elle sa
« place dans une cité livrée à l'anarchie ? La faiblesse des
« hommes laisse décliner et se corrompre assez d'institutions,
« pour que nous n'ayons pas l'imprudence d'affaiblir celle qui,
« en face des menaces qui l'assaillent, conserve à un si haut
« degré le sentiment de sa responsabilité.»

3.

qu'il est *inutile*, c'est du moins ce que j'espère avoir démontré.

J'ajoute que, si l'article 10 est *inutile*, il est *dangereux* (il pourrait tout au moins le devenir) au point de vue spécial de la liberté individuelle que nous envisageons dans cette étude.

Le Juge d'instruction.

Le droit d'arrestation le moins contestable, puisqu'il est une nécessité inéluctable de la sauvegarde sociale, est évidemment celui attribué au Juge d'instruction.

La Justice a besoin de cet auxiliaire par excellence pour assurer la répression, et telles sont l'importance et la gravité de la tâche qui lui est dévolue que la loi l'a armé du plus redoutable des pouvoirs : il peut, non seulement ordonner l'arrestation, mais *seul,* et c'est bien là la caractéristique de sa puissance, en maintenant cette première mainmise sur la personne du citoyen, le priver de sa liberté en le détenant pendant un laps de temps plus ou moins long, *théoriquement indéterminé,* puisqu'à tout considérer, la durée de la détention n'a d'autres limites véritables que la conscience ou la prudence du magistrat qui l'a ordonnée.

Dans un sujet lié, comme le nôtre, d'une manière si étroite aux garanties de la liberté individuelle, il faut reconnaître que, c'est bien ici surtout, qu'il sera utile d'examiner avec une attention scrupuleuse comment un pouvoir si exorbitant se justifie, étudier en même temps s'il n'y aurait pas des restrictions à y apporter et dans quelles limites ?

Si l'État a le *devoir* de protéger l'individu, on ne lui a jamais sérieusement refusé le *droit* de répression (1).

Or, dans de trop nombreux cas, inefficace serait la protection, inopérante serait la répression, si, pour assurer la sécurité publique qui pourrait être de nouveau troublée, si pour empêcher l'inculpé de prendre la fuite, si pour recueillir les preuves de sa culpabilité et faire obstacle à ce qu'il les détruise, si pour le mettre dans l'impossibilité de suborner les témoins, de corrompre parfois ses accusateurs par l'appât d'une récompense ou la crainte d'une vengeance, l'inculpé, le coupable présumé, ne pouvait être retenu sous

---

(1) On a toujours, en effet, concédé à la société le droit de répression, pourvu que, poussé à ses limites extrêmes, le châtiment n'atteigne jamais le criminel que dans sa *liberté*. Le châtiment suprême, la peine capitale, trouve, on le sait, des adversaires nombreux et convaincus.

la main de justice pendant le temps jugé nécessaire par le magistrat chargé de faire la
lumière dans l'obscurité des instructions prépa-
ratoires.

C'est pour ces motifs, d'un ordre si élevé et
d'une si évidente nécessité, que les plus hardis
réformateurs, adversaires déclarés de la détention
préventive qu'ils combattent, même dans son
principe, ont néanmoins dû concéder « que la
« détention s'impose à la société dans quelques
« cas, qui devraient être rigoureusement déter-
« minés ».

L'un d'eux, Mc Coulon, avocat à la Cour
d'Appel de Paris, qui a eu, avec l'un de ses
confrères, l'initiative généreuse de se mettre à
la tête d'« une ligue en faveur de la liberté individuelle » et auquel nous empruntions la citation
précédente, estime, en effet, que *la détention
préventive n'est pas favorable* à l'instruction…
qu'elle lui est même nuisible !

Je lui laisse la responsabilité d'une pareille
opinion que ma modeste expérience, comme
magistrat, comme juge d'instruction (car j'ai eu
l'honneur d'exercer ces fonctions), repousse
absolument. J'attends qu'il puisse m'être démontré, pour me rallier à une telle proposition,
qu'on arriverait, dans maintes circonstances,

plus sûrement à la découverte de la vérité, en laissant en liberté les inculpés, sauf à les soumettre à une étroite surveillance (expédient toujours malaisé, quand il n'est pas impossible).

Exiger en principe que la liberté soit *un droit absolu*, durant l'instruction, même s'il ne s'agit que d'un simple délit, semblera une doctrine périlleuse et inadmissible.

Que, justement préoccupé de donner satisfaction à des garanties protectrices nouvelles réclamées par l'opinion, vous inscriviez désormais dans le Code que « la liberté est la règle et la détention « l'exception », personne n'y contredira, quoiqu'à vrai dire, « il n'est pas indispensable d'affirmer « à nouveau un principe qui existe dans notre « législation et qui n'a pas garanti suffisamment « les citoyens contre les atteintes dont leur « liberté pourrait avoir à souffrir (1) ». Telle est l'opinion de la Commission parlementaire qui, chargée de l'examen de la proposition de loi de M. de Ramel, propose d'en supprimer l'article premier qui contenait l'affirmation que « nul ne « peut être arrêté ou détenu préventivement que « pour les délits et crimes prévus par les lois

(1) Rapport de M. le député Cornudet, page 5.

« et dans les formes qu'elles prescrivent (1) ».

Aller au-delà et ne rien laisser à la discrétion du juge, donner dans tous les cas à tous les prévenus, le droit d'attendre en liberté leur acquittement ou leur condamnation, là serait la faute, là serait l'imprudence.

Mais sans remonter bien loin, rappelons le décret du 16 septembre 1791, qui avait prohibé une détention préalable des prévenus *de délits*...., relâchement brusque, seulement justifiable par les rigueurs du précédent régime qui amenaient ainsi une réaction à outrance dont on ne calculait même pas la portée. Aujourd'hui, aurions-nous la même excuse, du jour au lendemain, d'aller plus loin encore, en supprimant, en toutes matières, criminelle ou correctionnelle, le droit de détention préalable, en dehors des cas de flagrant délit, d'aveu et d'absence de domicile ou de profession justifiés ?... Je ne le pense pas.

Oui, certes, *il peut y avoir lieu de restreindre*, dans de plus étroites limites, *le pouvoir du*

---

(1) M⁰ Coulon, outre l'intéressante brochure *Une Réforme indispensable*, déjà citée (voir *supra*, page 1), est l'auteur d'un projet de loi où on lit également, art. 2. « Nul ne peut « être arrêté ou emprisonné qu'en vertu de la loi, avec les « formes qu'elle a prescrites et dans les cas qu'elle a prévus...

« La liberté provisoire est la règle. La détention préventive « est l'exception. »

magistrat instructeur, — et nous verrons bientôt dans quelles proportions et dans quel cas, — mais de là à supprimer la détention préventive, il y a un abîme !

« Prenons garde, dit le savant professeur M. Léveillé, dans son étude sur la réforme du Code d'Instruction Criminelle, « de désorganiser « la défense sociale, la première condition de « l'ordre est la répression sévère des crimes. « Loin de gêner, il faut favoriser la recherche « des preuves et la démonstration des culpabi- « lités. Le Juge d'instruction doit être armé de « moyens puissants...... de moyens irrésistibles « d'investigation...... ».

Or, la détention, le fait est hors de doute, parmi ces moyens, tient une place à part ; dans bien des cas, elle est une *mesure* (je me garderai bien de dire, comme certains, *un moyen*) parfois indispensable dans l'instruction préparatoire. Supprimée, il faudrait bientôt la rétablir. Ne tentons pas l'expérience puisque ce serait au détriment de l'ordre public. (1). (2).

---

(1) « Il est des cas où le pouvoir discrétionnaire du juge « s'impose. On ne les supprimera jamais complètement dans « l'instruction. Autant vaudrait supprimer l'instruction elle- « même ». — (Rapport Larnaude, déjà cité).

(2) « Ce que je veux pour assurer la liberté, c'est qu'aucune

Plus sage est, au reste, le projet de Ramel. Sans contester le principe de la nécessité de la détention, il se borne à y apporter des restrictions.

Etudions donc le texte élaboré par la Commission, chargée d'examiner cette proposition de loi.

« *En matière correctionnelle,* devra, tout inculpé arrêté, être conduit *immédiatement* devant le Juge d'instruction (1). Ce magistrat, après

« détention ne puisse être ordonnée que par un juge (indé-« pendant et inamovible). Cette garantie me suffit et je n'en « vois pas de plus efficace ».

J'estime que la détention préventive est une nécessité de l'instruction, surtout telle qu'elle est organisée par nos lois et je ne vois pas d'autre protection réelle pour l'inculpé que la conscience de son juge. (M. le professeur Garçon).

(1) Un premier reproche, d'ordre général, a été formulé contre le projet de Ramel, — en ce qu'il limitait le droit à la liberté provisoire aux cas de délits, — limitation d'ailleurs admise par la Commission parlementaire.

« Je n'ai jamais compris, — dit Me Coulon, — cette formule « qui veut qu'en matière correctionnelle on mette tout le « monde dehors et qu'on ne le fasse pas en matière crimi-« nelle. Je trouve que les gens qui ont commis un crime, « sont aussi intéressants que ceux qui ont commis un délit. Je « pense donc qu'au point de vue du crime, comme au point de « vue du délit, il faut ouvrir aussi larges que possible les « portes de la prison préventive..... »

La liberté est aussi précieuse et aussi nécessaire pour ceux qui sont accusés d'avoir commis un crime que pour ceux qui sont accusés d'un délit. Le projet de M. Coulon, malgré sa hardiesse, dictée par une généreuse initiative, contient des idées sérieuses dont je regrette vivement de ne

l'interrogatoire, le mettra en liberté provisoire :

1° S'il justifie d'un domicile certain :

2° S'il justifie qu'il exerce habituellement un métier ou une profession :

pouvoir ici, forcé de me restreindre, faire l'analyse qu'elles mériteraient, sauf peut-être à en combattre quelques-unes avec énergie.

M. le juge d'instruction Jolly n'est pas moins hostile à l'idée de maintenir la détention préventive pour les crimes et de la supprimer pour les délits. « Ce criterium, dit-il, ne « vaudrait absolument rien, car il se trouve que, dans l'état « actuel de notre législation pénale, les délits sont souvent « plus graves que les crimes, tels le vol, l'escroquerie et « l'abus de confiance. L'escroquerie n'est jamais qu'un délit, « puisqu'elle ne comporte pas de circonstances aggravantes, « et cependant nous voyons à chaque instant des escroque- « ries formidables, non seulement par le chiffre, mais par les « moyens employés. Les vols simples sont souvent plus « graves que les vols qualifiés. Il y a quelques mois, un vol « de 400,000 francs a été commis au préjudice d'une Compa- « gnie de chemin de fer par des voleurs d'une habileté con- « sommée, qui avaient longuement préparé leur exploit, et « cependant ce n'était qu'un vol simple. A côté de cela, un « employé qui vole cinq francs à son patron commet un « crime. Mais, une cuisinière qui fait danser « l'anse du « panier », commet également un crime ! — Et l'affaire de « l'écosseuse de haricots, qui travaillait pour un approvision- « neur des Halles et qui avait dérobé un ou deux litres de ce « légume, « pour en connaître le goût », disait-elle. Eh bien, « cette affaire n'a pas pu être jugée en police correctionnelle, « l'inculpée ayant opposé l'incompétence, car ce forfait était « de la compétence de la cour d'assises. »

Et notre savant collègue de conclure qu'il est donc impos- sible de faire une distinction entre les crimes et les délits, — au point de vue de la détention préventive.

Ces exemples sont saisissants, en effet, et je serais *théori- quement* partisan de ce système, — tout au moins, — comme

3° Si, en outre, il n'a pas été déjà condamné *pour crime,* — ou pour un délit, à un an d'emprisonnement, — ou enfin encouru deux condamnations correctionnelles à l'emprisonnement (1).

le propose M. le juge d'instruction Jolly, que le projet fît une exception pour les délits importants : le vol, l'escroquerie et l'abus de confiance. Se plaçant, en effet, au point de vue de l'instruction préparatoire, il peut arriver et il arrive fréquemment que la recherche des preuves pour établir la prévention d'un délit motive avec plus de raison, une détention préalable prolongée que l'enquête suivie pour asseoir les bases de l'accusation d'un crime.

Je dis « *théoriquement* » à dessein, car n'oublions pas qu'en matière criminelle, le Juge d'instruction a toujours la faculté d'apprécier souverainement la mise en liberté provisoire, dans les termes de la loi de 1865. Ne croit-on pas qu'il serait dangereux d'accorder la liberté *de droit* aux criminels. Et n'est-ce pas déjà beaucoup que de l'assurer aux inculpés, en matière correctionnelle ?...

(1) La deuxième critique, *qui m'est personnelle,* et elle est légère, a trait aux conditions de la liberté de droit où on met sur la même ligne, comme ne pouvant se prévaloir de l'article 1er, l'individu ayant subi : une condamnation antérieure à un an de prison ou bien deux condamnations correctionnelles, celles-ci *sans condition de durée.* Ne pense-t-on pas, cependant, qu'un inculpé qui a encouru déjà une condamnation à 24 heures, pour outrages à agent, et une deuxième à un mois pour rebellion, par exemple, ne soit plus intéressant, au point de vue où nous nous plaçons, qu'un autre qui a subi une seule condamnation à six, huit ou dix mois d'emprisonnement, pour escroquerie, vol ou abus de confiance ? La réponse n'est pas douteuse et, d'après l'article 2, alors que dans le deuxième cas, l'individu arrêté conserve le droit à la liberté, dans le premier, la loi ne lui accorde pas la même faveur.

Je proposerai donc, d'ajouter simplement au texte, un maxi-

4° Si, étant étranger, il n'est pas sous le coup d'un arrêté d'expulsion ou s'il s'est conformé aux prescriptions du décret du 2 octobre 1888.

Le simple exposé des conditions primordiales mises à la liberté provisoire permet déjà de se rendre compte de l'importance capitale de l'innovation projetée.

La règle posée semble bien à l'abri de critiques sérieuses. Mais, empressons-nous d'ajouter toutefois que si cette règle, dans son ampleur, ne devrait point souffrir de restriction, si la mise en liberté, en faveur de l'inculpé d'un délit, réunissant, d'ailleurs, toutes les conditions énumérées aux articles 1 et 2 (domicile, profession et non récidiviste), restait *un droit absolu* que ne pourraient faire fléchir aucune circonstance, ni aucune considération particulières, toujours laissées à l'appréciation du juge, cette règle, disons-nous, détruirait la balance, l'équilibre qui, dans tout Etat civilisé, doit exister entre les droits de la Société et la nécessité de la défense de l'individu, fût-ce au prix du bien le plus inestimable,

---

mum « six mois d'emprisonnement, par exemple ». Deux condamnations successives constituant, en réalité, une situation plus défavorable, quelque soit la quotité de la peine encourue, qu'une condamnation unique, fût-elle plus sévère que le total des deux autres cumulées.

au prix de sa liberté. « On aura, par un procédé
« libéral, voulu protéger l'honnête homme et ce
« sont surtout les gredins, ceux qui n'en sont pas
« dignes, qui vont en profiter ! » Combien périlleuse alors pourrait devenir, si elle était généralisée, sans limites, une faveur susceptible, tantôt
de paralyser entièrement la répression en don-
nant ainsi à l'inculpé, *laissé libre,* le moyen
d'anéantir peut-être les preuves irrécusables de
sa culpabilité, tantôt d'apporter, tout au moins,
une entrave sérieuse à l'instruction préparatoire,
d'en augmenter les difficultés, en lui permettant,
par exemple, de soustraire aux recherches, en
le cachant en lieu sûr, le corps du délit (1) ou les

(1) D'excellents esprits semblent n'admettre la détention
préventive, dit M. le juge d'instruction Jolly, que pour empêcher la fuite de l'inculpé et assurer ainsi l'exécution de la
peine ; il en résulterait que, pour les inculpés domiciliés ou
offrant des garanties, on ne devrait jamais l'employer. Sans
doute, c'est là un point de vue, mais ce n'est pas le seul ; car,
dans bien des cas, et naturellement dans les cas les plus
graves, *la détention préventive* s'impose comme *mesure
d'instruction.* Quand même l'inculpé serait domicilié et ne
songerait pas à s'enfuir, la détention préventive est souvent
nécessaire pour empêcher un coupable de faire disparaître
les preuves, de prévenir ses complices, de suborner ou d'in-
fluencer les témoins, de rendre stériles les perquisitions et
les saisies, de mettre en sûreté le produit de son vol.
On pourrait en citer de nombreux exemples, en voici un
tout récent qui me parait typique : Un industriel important,
honorablement connu, avait un associé qui périt dans une cir-

pièces à conviction, en lui facilitant enfin l'éventualité de se concerter, pour mieux égarer la Justice, avec un ou plusieurs complices restés inconnus.

Aussi bien, la Commission parlementaire a-t-elle vu le danger. En effet, à côté des articles 1 et 2 apparaît l'article 5. aux termes duquel le

constance tragique, laissant deux enfants mineurs. Il profita de cette circonstance pour détourner 60,000 francs au préjudice des enfants de son associé. Il fût arrêté ; on ne retrouva rien ou presque rien ; et il est certain qu'il avait mis en lieu sûr une somme importante qui avait échappé à toutes les recherches. Il demandait avec insistance sa liberté provisoire. Que faire ? — Le rendre à la liberté, n'était-ce pas lui fournir le moyen de faire disparaître la somme qui restait introuvable et de dépouiller définitivement les mineurs ? — Jamais le problème ne s'était posé d'une manière plus troublante. « Comment « voulez-vous que je vous mette en liberté provisoire », lui dit le magistrat instructeur, « le premier usage que vous allez « faire de votre liberté sera de faire disparaître la somme que « vous avez détournée ! » Il hésitait et finit par indiquer la cachette où il avait enfoui et où on retrouva 43,000 francs en billets de banque ! — Une fois cette restitution opérée, la détention préventive n'avait plus sa raison d'être ; l'inculpé fût remis en liberté provisoire. Sans la détention préventive, ce résultat eût-il été acquis ?

Il n'est pas de juges d'instruction qui, dans leur carrière, et c'est mon cas, ne pourraient donner des exemples aussi frappants de la nécessité de la détention préventive, dans des espèces similaires, et où, appliquée, *comme mesure d'instruction*, la détention préalable a eu des résultats aussi efficaces tant au point de vue répressif proprement dit que pour assurer aux victimes des délits de vol, d'abus de confiance et d'escroquerie la restitution totale ou partielle des objets soustraits, détournés ou escroqués...

juge conserve *le droit de maintenir l'arrestation,* mais alors, devoir impérieux pour le magistrat, de rendre une ordonnance qui sera notifiée *dans les 24 heures* à l'inculpé et à son avocat.

N'est-ce pas là placer à côté du principe la négation du principe lui-même ? Qu'y aura-t-il de changé si, en définitive, sous la seule et unique obligation nouvelle de rendre une ordonnance, le juge peut, comme actuellement, détenir préventivement l'inculpé, en matière correctionnelle, même dans l'hypothèse où il réunit les conditions des articles 1 et 2.

Sans doute, ce droit, de par la loi, sera devenu exceptionnel, mais il ne tiendra qu'à la volonté, sinon au caprice du juge que, dans la pratique, l'exception se généralise progressivement. « La « tendance du Juge d'instruction à vouloir con- « sidérer de bonne foi, un inculpé comme un « coupable, est chose courante » ; de là à vouloir le conserver à sa disposition par la détention préventive, il n'y a qu'un pas qui sera vite et trop souvent franchi.

Telle est l'objection dans toute sa netteté, et le sentiment de défiance à l'encontre du magistrat d'où elle procède a trouvé un écho au sein de la Commission qui, par l'article 6, répond à cette préoccupation en simplifiant et multipliant à la fois les voies de recours contre l'ordonnance privative de la liberté. L'article 6, en effet, accorde au détenu la latitude de se pourvoir devant le tribunal correctionnel, *dans les 24 heures,* par une simple déclaration devant le Juge d'instruction, mentionnée au pied de l'ordonnance elle-même, ou bien par une déclaration au greffe de la prison (laquelle sera consignée sur un registre spécial, avec indication des jour et heure où elle aura été faite). Ce n'est pas tout, et apprécions ici la sollicitude prévoyante du législateur : Avis sera donné de cette déclaration *immédiatement* par le gardien-chef au Procureur de la République qui, *dans les 24 heures au plus tard,* en informera l'avocat, avec indication du jour et de l'heure de l'audience.

Le Tribunal correctionnel, lui-même, *devra* statuer *dans les 48 heures,* en Chambre du Conseil, le prévenu entendu et le Ministère public.

Enfin, *dans les cinq jours,* le prévenu pourra, dans la même forme, interjeter appel de cette décision.

L'appel sera jugé *dans les dix jours,* sur simple requête, à la Chambre des mises en accusation.

Donc, des facilités sont données au prévenu de défendre sa liberté à l'aide d'une procédure réduite à sa plus simple expression, solutionnée dans des délais rapides (1), devant une nouvelle juridiction du premier degré (la Chambre du Conseil est ainsi rétablie, mais avec des attributions tout à fait différentes), sans préjudice du maintien de la juridiction préexistante supérieure de la Cour d'Appel.

Il serait téméraire de prétendre que, sous l'empire d'une législation si protectrice, l'inculpé n'utilisera pas désormais, avec une fréquence abusive, les voies de recours qu'elle aura ainsi mises à sa disposition pour solliciter et tenter d'obtenir le privilège d'attendre, en état de liberté, la fin de l'enquête, son acquittement ou sa condamnation.

Mais on ne saurait méconnaître, et c'est le but à atteindre, que la détention préalable deviendra fatalement plus restreinte, par le fait du double contrôle éventuel de l'ordonnance privative de liberté, décision, discutée *contradictoirement*, et il faut bien ajouter, dans des conditions de garantie de nature à rassurer l'opinion des plus

(1) « Les retards de la justice sont fâcheux en toute matière, « dit le savant rapport de M. le professeur Larnaude, mais ils « sont particulièrement pénibles, quand il s'agit de statuer sur « la liberté individuelle. » (Voir *Revue pénitentiaire*, février 1901; p. 209).

alarmistes, qu'effraie toujours le spectre de la détention préventive.

Remarquons en passant que, *laissé libre*, en vertu de l'article 1er, l'inculpé peut néanmoins (aux termes de l'article 4), être enjoint par une ordonnance spéciale du juge, — et cela comme condition de sa mise en liberté, — de se présenter à tel jour et heure désignés par l'ordonnance, devant le Maire, le Commandant de Gendarmerie ou le Commissaire de Police qui, chaque fois, lui donnera acte de sa comparution.

Après avoir énuméré les obligations imposées à l'inculpé (laissé libre) de déférer à toute citation ou signification, tant au cours de l'instruction qu'aux débats d'audience et pour l'exécution du jugement, l'article 7 institue des sanctions à l'infraction volontaire à l'une quelconque de ses obligations. Telle, la faculté pour le juge de décerner un nouveau mandat d'arrestation, avec déchéance, pour l'avenir, du bénéfice de l'article 1er.

De plus, en cas de condamnation, l'inculpé ne pourra plus bénéficier de la loi Bérenger.

Enfin, innovation importante, au cas où l'inculpé ne se présenterait pas pour l'exécution de la peine, *le délai de prescription sera doublé.*

Dans les dispositions qui précèdent, en apparence inopérantes, puisqu'elles ne seraient pas de nature à garantir sérieusement le juge contre la fuite d'un prévenu bien décidé à se soustraire au châtiment, ne voyons qu'un moyen de permettre en tout cas au magistrat instructeur d'user plus rarement encore, dans certains cas douteux, de la prérogative exceptionnelle de l'article 5 (maintien de l'arrestation).

C'est également cette dernière considération qui a dû inspirer l'article 8, d'après lequel « le « jugement de condamnation contre un prévenu « laissé en liberté en vertu de l'article 1, pourra « ordonner, quand la peine appliquée sera de « plus de trois mois, que le condamné *sera* « *aussitôt arrêté et détenu, nonobstant appel* ».

De cette manière, est assurée l'exécution immédiate de la peine à laquelle le condamné aurait pu vouloir échapper. « On remet sous la « main de justice des malfaiteurs, laissés au « grand air par des juges d'instruction trop bien- « veillants, trop faibles ou trop timorés ».

Ici, il n'y a plus de ménagement à observer, on ne frappe plus prématurément un inculpé peut-être innocent, on l'a protégé, jusque-là, dans sa liberté, avant et pendant la recherche des preuves ; il est maintenant reconnu coupable, et d'un fait grave, puisque la pénalité encourue dépasse trois mois d'emprisonnement, l'œuvre de la justice reprend ses droits.

Dans cet ordre d'idée, *le projet,* semble-t-il, *aurait dû aller plus loin et accorder, d'une façon générale, au tribunal correctionnel, — même en matière de poursuite sur citation directe, le droit d'arrestation immédiate, de détention, nonobstant appel du* condamné *comparant.* Les juges devraient également être investis du *droit de décerner contre le condamné défaillant un mandat d'arrêt conservant effet, en cas de non opposition, jusqu'à la prescription de la peine, en cas d'opposition, jusqu'à l'exécution du nouveau jugement et nonobstant appel.*

C'est là, du reste, un système appliqué déjà à l'étranger et notamment en Belgique.

L'avantage d'une innovation généralisée aux cas précités n'échappera à aucun magistrat ayant la pratique des affaires criminelles. En effet, au point de vue spécial de la liberté individuelle, cette sanction sera de nature à éviter de saisir le Juge d'instruction d'affaires dans de nombreux cas où aujourd'hui l'information est nécessaire...

Et observez que le mandat d'arrestation (qu'il soit qualifié mandat de dépôt ou d'arrêt, la qualification différente importe peu), est décerné ici, non plus dans le silence du cabinet par un juge

unique mais avec toutes les garanties désirables :
publicité, appréciation par un tribunal composé
de trois magistrats... en présence du Ministère
Public, — sans compter, si le prévenu comparait,
l'assistance du défenseur qui assure encore, par
le débat contradictoire d'audience, une protection
plus certaine contre une détention prononcée à la
légère !... (1).

Nous arrivons maintenant à la réforme peut-
être la plus importante, — art. 9 du projet, —
je veux dire *la limitation de la durée du mandat
de dépôt* (ou d'arrêt), imposée désormais au Juge
d'instruction.

La Commission propose, en matière correctionnelle, *un délai de vingt jours,* en dedans
duquel le magistrat devra rendre son ordonnance
de règlement ; elle fixe à la huitaine suivante
la date extrême de la citation à comparaître
devant le tribunal, de l'inculpé préventivement
détenu (2).

(1) M. l'avocat-général Brégeault a déjà recommandé, à la
bienveillante attention du Parlement, ce système qui, à ses
yeux comme aux miens, ne présente que des avantages. (*Revue
pénitentiaire, ibid,* page 667).

(2) Projet de loi sur la réforme du C. I. C. voté, en 2e délibé-
ration, au Sénat, à la séance du 4 août 1882. (Voir *Journal
Officiel,* pages 998 et s.).
Art. 108. — « Le mandat de dépôt provisoire est l'ordre en

Il est concédé, toutefois, que le juge pourra, si les nécessités de l'instruction l'exigent, demander à la Chambre du Conseil, statuant toujours en présence de l'inculpé, assisté de son avocat, de proroger ce délai, dont la nouvelle durée n'excédera pas vingt jours.

Cependant, des informations d'une nature particulièrement laborieuses, tant au point de vue de la difficulté des recherches, de l'éloignement des témoins (résidant peut-être à l'étranger), qu'à cause du nombre et de l'importance des délits, peuvent n'être point terminées dans le délai de 10 jours, — dans ce cas, le délai imparti pourra être renouvelé *dans les mêmes formes* et pour la même durée (de 20 jours) (1).

« vertu duquel le juge d'instruction ou au cas de flagrant
« délit, le Procureur de la République, peut, après le premier
« interrogatoire, faire détenir l'inculpé, dans une maison
« d'arrêt, *pendant 15 jours*.

Art. 111. — « Le mandat d'arrêt est l'ordre en vertu duquel
« le juge d'instruction ou une juridiction compétente peut
« faire saisir l'inculpé par la force publique et le faire conduire
« dans une maison d'arrêt.

Art. 117. — . . . . . . « L'inculpé ne peut être détenu, en vertu
« du mandat d'arrêt, que *pendant 30 jours.* »

(1) Art. 109. — « L'effet du mandat de dépôt peut être pro-
« longé par ordonnance du juge d'instruction, pendant une
« nouvelle période de 15 jours, sauf recours de l'inculpé devant
« la Chambre du Conseil.

Art. 118. — « A l'expiration du délai de 30 jours, prévu par

En matière criminelle, les délais spécifiés ci-dessous *sont doublés,* mais c'est la Chambre d'accusation qui statuera sur les demandes de prorogation, dans les mêmes termes.

Pour n'être pas nouvelle, puisque l'idée première appartient au projet Le Royer, cette disposition, d'ailleurs déjà accueillie, défendue et préconisée par des magistrats de haute valeur (1), présente l'avantage certain (qui se passe de commentaires) d'abréger désormais la détention préalable dans la mesure où elle sera compatible avec les nécessités de la répression. Différents

« l'art. 117, le juge peut, par ordonnance, prolonger, pour une
« période de 30 jours, les effets du mandat d'arrêt, sauf recours
« de l'inculpé devant la Chambre du Conseil. Cette décision
« peut être renouvelée dans les mêmes formes. »

(1) Pour ne citer que M. Jolly, juge d'instruction à la Seine, peu suspect en la matière et qui déjà, en 1896, publiait une remarquable brochure qui mériterait d'être ici reproduite en entier, mais dont je ne puis qu'extraire la conclusion, résumée par notre collègue lui-même :
« La durée légale du mandat de dépôt sera de trois mois, passé
« ce délai, il sera périmé, à moins qu'il n'ait été renouvelé par
« ordonnance motivée, notifiée à l'inculpé et susceptible de
« recours devant la Chambre d'accusation. — La même règle
« s'appliquera au mandat d'arrêt, lorsque l'inculpé aura été
« écroué en vertu du mandat d'arrêt décerné contre lui.
« Si la procédure est close et l'ordonnance rendue avant
« l'expiration du délai de trois mois, les mandats de dépôt et
« d'arrêt tiendront état jusqu'à jugement définitif ou à l'arrêt
« de la Chambre d'accusation. »

délais avaient été proposés : trois mois, un mois et huit jours.

L'expérience ayant démontré qu'en général le plus grand nombre des procédures correctionnelles étaient réglées, en moins de trois mois mais presque toujours après plus de huit jours, délai vraiment trop restreint, la Commission a choisi le terme moyen, — 20 jours, — qui paraît devoir rallier presque tous les suffrages.

Aux termes de l'article 10 du projet, l'instruction une fois terminée par une décision de renvoi signifiée au prévenu ou à l'accusé, le droit d'accorder ou de retirer la liberté provisoire, appartient à la juridiction saisie de l'affaire.

C'est la confirmation du droit commun. Mais ici, il importe de signaler qu'une lacune existait dans notre législation. Le texte proposé ne l'a point comblée !

Je veux parler de l'attribution à la Chambre des mises en accusation de la connaissance des demandes de mises en liberté provisoire dans deux cas particuliers bien distincts, savoir :

1° Par l'inculpé durant l'instance en Règlement de Juges devant la Cour de Cassation ;

· 2° Par l'accusé ayant déjà comparu devant la Cour d'Assises, dans l'intervalle de la clôture d'une session et de l'ouverture de la suivante.

Dans le premier cas, on peut m'objecter que si la loi est, en effet, *muette* sur ce point, la jurisprudence aujourd'hui fixée, et notamment par un arrêt de Cassation du 28 mai 1886 (1), attribue à la Chambre d'accusation la connaissance de la requête formée par l'inculpé pendant cette période du procès pénal.

Malgré l'autorité qui s'attache aux arrêts de la Cour suprême ils ne sauraient suppléer aux textes législatifs eux-mêmes et il n'en reste pas moins que la loi ne contient à cet égard *rien de précis ni de formel.*

(1) La Cour de Cassation avait déjà décidé le 28 mai 1847, par un arrêt prononcé dans l'intérêt de la loi et sur les réquisitions de M. le procureur général Dupin *(Bull.* n° 112, p. 187), que la disposition de l'ancien art. 114 du Code d'Instruction Criminelle portant que « la mise en liberté provisoire avec caution, pourra être demandée en tout état de cause », suppose nécessairement et toujours l'existence d'une juridiction chargée d'apprécier la demande du prévenu à cet égard.

Par analogie, sur les faits visés dans l'espèce de cet arrêt, M. le conseiller Vetelay, rapporteur de l'affaire soumise à la Cour suprême, en 1886, concluait à l'attribution à la Chambre d'accusation, de la requête en liberté provisoire d'un prévenu pendant l'instance en règlement de juges.

Dans le cas, en effet, où un conflit négatif s'est produit, par exemple en suite de ce que la juridiction correctionnelle, d'abord saisie par une ordonnance du Juge d'instruction s'est ensuite dessaisie par la déclaration d'incompétence, on remarque que la Chambre des mises en accusation ne sera à son tour saisie de l'affaire que par l'arrêt de cassation réglant de juges. Or, pendant l'instance en règlement de juges, la loi

En vain, objecterait-on encore que la procédure de règlement de juges est, dans la pratique,
et le plus souvent, d'une durée relativement
courte. Est-ce bien rigoureusement exact ?
D'ailleurs, on parle de protéger la liberté individuelle, il faut aller jusqu'au bout et envisager
toutes les hypothèses.

J'estime, quant à moi, qu'il n'est rien d'inutile
en pareille matière ; puisque la lacune existe
légalement pourquoi ne pas la combler ?

Dans le second cas, celui où il s'agit d'un
accusé, attendant son jugement pendant une

---

n'indique expressément aucune autorité permanente chargée
d'apprécier la demande en liberté provisoire ; l'exercice du
droit accordé au prévenu resterait donc suspendu et devien-
drait impossible, au cours de cette instance, alors cependant
que le nouvel art. 116 (Loi de 1865) veut, de même que l'ancien
art. 114, que *la liberté provisoire puisse être sollicitée et
accordée en tout état de cause.*

C'est pour obvier à ce silence du texte législatif, que la
jurisprudence s'est fixée dans le sens de l'arrêt de 1847 et s'est
prononcée par cinq arrêts successifs dans un sens identique,
attribuant à la Chambre des mises en accusation, la connaissance de la requête d'un prévenu devant l'instance en règlement de juges.

17 janvier 1870, Besançon.

12 février 1872, Aix.

27 février 1882, Poitiers. (S. 83. 2. 161 et 162).

9 février 1885, Nimes.

28 mai, 1886, Cassat, déjà cité. (*V. Pandectes, 86.1. 186*).

Au surplus, voir la dissertation savante, insérée dans Sirey,
83. 2. 161, sous l'un des arrêts susdatés.

période qui, en province, peut atteindre *trois mois,* par suite d'un renvoi de l'affaire à la prochaine session, la lacune est plus grave, et, pour y obvier déjà, la loi du 8 décembre 1897 édicte, dans son article 11, une disposition qui, tout en diminuant le mal, ne le guérit pas.

Aux termes de cet article, en effet, quand la Cour d'Assises, saisie d'une affaire criminelle, prononce le renvoi à une autre session, il lui appartient de statuer sur la mise en liberté de l'accusé. Le texte est formel, mais a-t-il bien prévu tous les cas?

Admettons l'hypothèse, rare sans doute, mais toujours possible d'un fait nouveau, qui a pour conséquence, soit de mitiger sensiblement la responsabilité de l'accusé, d'amoindrir les charges qui pesaient sur lui, soit même de détruire entièrement sa culpabilité, de faire éclater son innocence. Si le fait nouveau se produit, dès après la clôture de la session et avant l'ouverture de la session suivante, la Cour d'Assises étant, en fait, une juridiction temporaire, faute d'un texte humain et protecteur de sa liberté, l'accusé devra attendre, en état de détention préventive, pendant un laps de temps qui peut, nous l'avons dit, n'être pas inférieur à trois mois, qu'un verdict d'acquittement lui ouvre les portes de la maison de justice. Et, qu'on le remarque bien, aucune autorité, théoriquement parlant, n'a qualité pour faire cesser, avant le terme du verdict, une détention que plus rien ne justifie !... (1) Puisque nous dissertons sur les moyens de concilier les droits de l'individu avec les nécessités de la répression, il importe, n'est-il pas vrai, de signaler au législateur ce que jusqu'ici, malgré sa prudence, il n'a pas encore prévu !

L'article 10 du projet de la Commission pourrait être ainsi complété :

« Le même droit appartiendra à la Chambre
« des mises en accusation, sur la demande du
« Procureur Général, de l'inculpé ou accusé
« et de son conseil, durant l'instance en règle-
« ment de juges devant la Cour de Cassation, et
« pendant l'intervalle d'une session à une autre,
« quand la Cour d'Assises, saisie d'une affaire
« criminelle, en aura prononcé le renvoi à une
« autre session. »

J'ai dit le même droit, c'est-à-dire celui d'accorder ou de retirer la liberté provisoire. Car,

_____

(1) Fût-il régulier d'ouvrir une session d'assises extraordinaire pour statuer sur l'affaire, ou simplement sur la mise en liberté provisoire, ne voit-on pas les frais et les difficultés inhérents à ce mode de procéder, alors que l'attribution à la Chambre d'accusation, des requêtes de cette nature serait si simple, si naturelle et éviterait les inconvénients signalés.

pour être logique, à l'inverse des cas proposés en exemple, un fait nouveau a pu se produire qui nécessitera le retrait de la mise en liberté provisoire si ce privilège a de sérieux motifs de n'être plus justifié.

Les deux mesures, tout opposées qu'elles soient, procèdent toujours du même principe : « Protéger « la liberté dans tous les cas où la détention « préalable n'est pas indispensable pour la ré- « pression. »

Après avoir édicté des règles précises, la Commission devait, pour qu'elles fussent respectées, leur donner une sanction. Tel est l'objet de l'article 11 qui réprime tout acte attentatoire à la liberté commis par un magistrat ou un fonctionnaire, à quelque degré qu'ils soient placés dans la hiérarchie judiciaire ou administrative. Et celui qui aura été détenu arbitrairement par suite d'inexécution d'une des formalités prévues aux articles 2, 4, 6 et 7 de la loi, pourra, en tous cas, exercer directement *une action civile en responsabilité* contre les auteurs de sa détention arbitraire. Cette action sera toutefois prescrite par le délai d'un an, à partir de la mise en liberté.

La pénalité encourue est celle édictée par le § final de l'article 93 du C. I. C., modifié par la loi du 8 décembre 1897 et selon les distinctions qui y sont établies contre ceux qui ont concouru à ces attentats à la liberté (1).

Etait-ce bien indispensable, et le législateur de 1811 n'avait-il donc pas prévu une sanction si manifestement nécessaire ?

Il existe, en effet, dans le Code Pénal un article 114 (2) qui punit de la dégradation civique les attentats à la liberté et tout acte arbitraire attentatoire aux droits civiques et à la Constitution...

A l'existence de ce texte législatif, on a opposé qu'il était lettre-morte et n'avait jamais été appliqué.

---

(1) (Loi du 8 décembre 1897). Art 2. — « Les Procureurs de « la République ou autres officiers du Ministère Public seront « punis des peines portées en l'art. 119 C. P. (dégradation « civique et tenus de dommages-intérêts qui ne pourront être « au-dessous de 25 francs par chaque jour de détention « illégale et arbitraire et pour chaque individu quel qu'il « soit).

« Les gardiens-chefs seront punis également des peines de « l'art. 120 C. P. (6 mois à 2 ans de prison et amende de « 16 à 200 francs). — Ce n'est pas tout : le Greffier, le Juge « d'instruction et le Procureur de la République pourront, « en outre, être punis des peines de l'art. 112 C. P. (6 mois à « 2 ans d'emprisonnement avec interdiction du droit de vote « et d'être éligible pendant 5 ans au moins et 10 ans au « plus.) »

(2) Art. 114 C. P. — « Lorsqu'un fonctionnaire public, un « agent ou un préposé du Gouvernement, aura ordonné ou

A cet égard, M. le professeur Garçon constate
que depuis 90 ans, période traversée par quelques révolutions qui a dû voir et a vu des actes
arbitraires, on chercherait en vain, au cours du
XIXe siècle une seule poursuite fondée sur l'article 114 du C. P. contre un Préfet ou un magistrat !... Quelques arrêts *civils* ont bien été rendus
contre des Préfets du 4 septembre 1870, mais
tous les autres, et ils sont rares, seraient inter-
venus, *toujours au civil*, contre des agents subal-
ternes de l'administration, contre de très petits
de très humbles fonctionnaires... mais jamais
contre un Procureur ou un Juge d'instruction.

Et l'éminent professeur de définir ainsi notre
législation à ce point de vue : « Une façade qui
« semble libérale, sur laquelle sont inscrites des
« formules pompeuses et derrière cette façade,
« tout un monument d'iniquité où tout est établi
« et combiné pour permettre de légitimer toute

« fait quelque acte arbitraire, ou attentatoire, soit à la liberté
« individuelle, soit aux droits civiques d'un ou plusieurs
« citoyens, soit à la Constitution, il sera condamné à la peine
« de la dégradation civique. — Si néanmoins il justifie qu'il
« a agi par ordre de ses supérieurs pour des objets du ressort
« de ceux-ci, sur lesquels il leur était dû obéissance hiérar-
« chique, il sera exempt de la peine, laquelle sera appliquée
« seulement aux supérieurs qui auront donné l'ordre. »

« violation de la liberté individuelle, pour ne
« point autoriser l'application pratique de sanc-
« tions légales !...»

Cette violente philippique n'est-elle pas em-
preinte d'une exagération excessive ? — Malheureusement les faits sont là pour la justifier dans
une certaine mesure.

Les partisans de l'organisation de la responsabilité des magistrats sont nombreux, ils forment
une imposante majorité, mais des jurisconsultes
d'un mérite incontesté n'hésitent cependant pas
à la qualifier sévèrement. L'un d'eux prétend que
c'est « une grosse et dangereuse réforme », qui,
loin d'être un talisman susceptible d'amener les
plus heureuses transformations dans les habitudes
et le caractère des magistrats, présentera des
inconvénients dont le plus grave sera de faire
hésiter parfois devant des mesures utiles et empêcher le Ministère Public comme le juge de se
mouvoir, dans bien des cas délicats, avec une
indépendance et une liberté d'action suffisantes,
pour assurer, sans trop de crainte ni de scrupules,
une répression énergique.

D'ailleurs, dit-on, la responsabilité du magistrat c'est le droit primitif, c'est l'époque où,
pour un simple mal jugé, on attaquait par
l'appel, même s'il n'avait rien à se reprocher.

le juge qui s'en était rendu coupable..... (1).

Vainement, opposerait-on ici le système anglais qui admet cette responsabilité.

Ce n'est pas là, en effet, un argument décisif : tant d'institutions, en effet, qui fonctionnent normalement chez nos voisins d'outre-Manche qui, en France, seraient difficilement admises sinon impraticables.

Il est bien délicat, pour un magistrat, de prendre parti dans la question, délicat, du moins, de combattre le principe d'une responsabilité qui répond sinon à un besoin, au moins à cette idée, « qu'à toute loi nouvelle, il faut une sanction » !

Et, on comprendrait d'autant moins, n'est-il pas vrai, le silence du législateur qu'il s'agit de réprimer des infractions volontairement commises par ceux-là même qui ont pour mission de faire respecter la loi et, partant, de donner l'exemple d'une scrupuleuse obéissance, d'une parfaite soumission aux règles qu'elle édicte.

Le dernier article du projet vise la suppression

---

(1) L'organisation de la responsabilité de l'État, c'est-à-dire l'extension de la loi du 10 vendémiaire an IV, aux arrestations non justifiées, en prenant bien soin d'ailleurs de spécifier les cas et conditions dans lesquelles elle fonctionnerait, serait, au point de vue de la marche plus régulière de la répression, un des remèdes proposés par M. le professeur Larnaude, plutôt qu'une sanction pénale contre les magistrats.

du droit conféré aux Préfets par l'art. 10 du
C. I. C. Nous l'avons précédemment discuté.

En résumé :

La liberté de droit sera désormais assurée, *en
matière correctionnelle,* à l'inculpé qui réunira
certaines conditions déterminées (domicile, profession justifiés, sans antécédents judiciaires,
n'ayant, tout au moins, été condamné correction-
nellement qu'à *une seule peine* inférieure à un
an d'emprisonnement).

La limitation de la durée du mandat de dépôt.
dans la mesure où elle restera compatible avec
les nécessités de l'instruction préparatoire, *vien-
dra abréger la détention préalable qui devient
une exception.*

L'inculpé aura à sa disposition une nouvelle
voie de recours, le Tribunal correctionnel, contre
l'ordonnance qui maintient l'arrestation et des délais rapides pour voir statuer sur sa mise en liberté
provisoire tant en première instance qu'en appel.

En revanche, certaines sanctions sont édictées
pour garantir la représentation de l'inculpé *laissé
libre,* à l'instruction, aux débats et pour l'exécution
du jugement, — telle, par exemple, l'ordonnance
enjoignant l'inculpé de se présenter à des jours

5.

et heures indiquées devant le Maire, le Commissaire de Police ou la Gendarmerie, tels, le mandat d'arrestation, en cas d'infraction à cette ordonnance, et la privation éventuelle contre le prévenu défaillant du bénéfice de la loi de sursis, avec augmentation portée au double du délai de prescription pour l'exécution de sa peine. Enfin, le droit nouveau (du moins en pareil cas) attribué au Tribunal correctionnel d'ordonner facultativement *l'arrestation immédiate,* nonobstant appel, si la peine prononcée est supérieure à trois mois.

D'un autre côté, des pénalités sont instituées pour la répression des détentions arbitraires, sans préjudice d'une action civile, prescriptible dans le délai d'un an, à partir de la mise en liberté, ouverte contre tous les auteurs de cette détention en faveur de celui qui en a été victime.

La réforme est sérieuse, — pourquoi ne pas ajouter qu'elle est sage ?

Elle vise surtout le Juge d'instruction, ce magistrat qu'on n'a pas craint de qualifier « le dis-« pensateur souverain », dans notre droit actuel, de la liberté individuelle.

Le chiffre *douloureux* des détentions préventives, selon l'expression de M. le député Mathieu, rapporteur à la Chambre, du projet, devenu la loi de 1865, le chiffre peut être plus éloquent

encore des cas, vraiment trop rares, où le Juge
d'instruction a ordonné la mainlevée du mandat
de dépôt, tels sont les motifs, sans doute justifiés, de la réaction dont la proposition de Ramel
est l'expression et le vivant écho.

A quoi bon citer, une fois de plus, la statisti-
que à l'appui de la nécessité et de l'urgence d'une
réforme dont l'opportunité n'est pas sérieusement contestée, même par les magistrats contre
lesquels elle est dirigée. Je suis convaincu, du
reste, qu'ils sont fort peu jaloux de conserver,
dans toute son étendue, la prérogative qu'on
désire désormais restreindre.

Et si tout le monde est d'accord pour reprocher au Juge d'instruction de ne pas avoir peut-
être usé, assez souvent, de la liberté provisoire,
et d'avoir ainsi laissé se produire, se prolonger
tout au moins, sans utilité bien démontrée pour
l'information, une détention même en principe
justifiée, cette constatation est déjà assez fà-
cheuse, ce grief assez grave, pour que, se basant
uniquement sur les statistiques, on pousse plus
loin la critique (1).

(1) Ne faudrait-il pas enfin réagir une bonne fois contre
cette opinion courante que l'ordonnance de non-lieu est *la
preuve de l'innocence*, — présomption légale en tout cas,
dit-on, — comme si, souvent, une information longue et la-

Fût-il admis que la loi de 1865 n'a pas été assez fréquemment appliquée, cela seul suffirait pour justifier la proposition de Ramel.

Tel est le vaste et grave sujet que j'ai pu à peine effleurer.

Pour vous exposer les différents côtés de la question, j'ai fait, et je ne m'en excuserai pas, des emprunts fréquents au procès-verbal des séances de la Société Générale des Prisons, tenues en décembre, janvier et février derniers,

borieuse qui « tourne à la confusion du Ministère public » et durant laquelle l'inculpé est resté détenu, n'était point, en définitive, la seule et unique sanction d'une culpabilité que le scrupule du juge, malgré sa conviction, n'a pas estimé suffisamment démontrée.

Eh bien ! non, l'ordonnance de non-lieu n'est pas plus, dans de nombreux cas malheureusement, un certificat d'innocence que la détention préalable n'est une flétrissure véritable. C'est la constatation pure et simple de l'impuissance de l'enquête... et c'est cela seul qui est certain.

Combien de coupables déjà échappent à la répression, malgré le zèle et l'activité de la magistrature et de ses auxiliaires, qui, les premiers, crient à l'abus et à l'arbitraire, quand la détention préalable est venue les priver momentanément de la liberté.

Ne laissons pas accréditer cette légende que les inculpés préventivement détenus qui bénéficient d'un non-lieu sont toujours des victimes....

Le Juge d'instruction « c'est l'ennemi ! »

N'a-t-on pas entendu, au cours de la discussion du projet de réforme du C. I. C. au Sénat, un des membres de la Chambre Haute s'écrier : « Mais c'est le procès du Juge d'ins- « truction que vous instruisez ! .. »

durant lesquelles des hommes éminents, appartenant à la politique et au barreau, des magistrats
expérimentés, des professeurs érudits, de hauts
fonctionnaires de grand mérite, ont discuté, avec
éloquence et une science profonde de l'humanité
et du droit, le problème si préoccupant et si
complexe de la liberté individuelle.

J'ai puisé là, je le dis sans fausse honte, des
enseignements précieux, et j'ajoute, de même,
sans modestie feinte, que j'ai eu la satisfaction

Et n'était-ce pas un peu vrai ?

Il faut avoir eu l'honneur d'exercer de telles fonctions, pour
se rendre un compte exact de tout ce qu'elles assument de
responsabilité et de labeur. La prudence, l'activité, l'énergie,
la sagacité, l'impartialité, une constante bienveillance à
l'égard de l'inculpé, telles sont les qualités qu'on demande
avant tout au Juge d'instruction.

Des voix plus autorisées que la mienne ont déjà bien des
fois réhabilité ce magistrat, puisqu'il a besoin de l'être dans
une certaine partie de l'opinion publique.

Un homme d'État éminent, — d'ailleurs partisan résolu de
garanties nouvelles pour la liberté individuelle, — M. le député
Ribot — n'a-t-il pas dit quelque part :

« Chez nous, on soupçonne toujours qu'il se passe des
« horreurs dans le cabinet des Juges d'instruction. Eh bien !
« j'y ai passé comme magistrat et je rends hommage à mes
« anciens collègues. Il n'y a pas d'hommes au monde qui
« travaillent plus que nos Juges d'instruction et qui apportent
« à leur travail une conscience plus vigilante. Je m'étonne
« qu'on trouve des hommes qui consacrent à une pareille
« tâche tous les jours de leur vie. Ils sont écrasés par une
« besogne qui dépasse leurs forces, — et je leur rends com-
« plètement la justice qu'ils méritent. . ».

grande de voir plusieurs des idées qu'un peu d'expérience, la pratique courante des affaires criminelles pendant plus de 20 ans, m'avait, à moi-même déjà suggérées, des idées présentées, soutenues, certaines même préconisées ou défendues avec une conviction que je partage, sans doute, mais certainement exprimées dans des termes dont j'aurais vainement essayé d'atteindre l'élévation, la netteté et la vigueur.

Je cite, et j'en aurai fini, la conclusion, que d'aucuns qualifieraient de pessimiste et de décevante, de M. le professeur Garçon, sur notre question :

«..... Toutes les réformes qui pourront être
« faites, toutes les lois qui pourront être votées,
« toutes les prescriptions qui pourront être éta-
« blies, que vous limitiez les droits du Juge
« d'instruction, que vous fixiez un délai à la
« plus longue détention préventive, que vous
« multipliez les voies de recours, — tout cela ne
« sera rien, si la magistrature ne consent à
« prendre elle-même en main la défense de la
« liberté. Il y a ici beaucoup de magistrats : ils
« savent combien personnellement je les res-
« pecte, et ce respect, je l'affirme, n'est pas seu-
« lement sur mes lèvres. Ils me permettront,
« cependant, de m'exprimer librement sur une

« institution qui a déjà de longues traditions. La
« magistrature française pendant le siècle qui
« vient de s'écouler, a-t-elle compris toute l'é-
« tendue de ses devoirs ? — Qu'elle ait rendu
« une justice impartiale, personne ne le contes-
« tera ; qu'elle ait assuré la répression, tout le
« monde en convient ; mais, parmi ses devoirs,
« il en est un autre plus élevé, c'est d'être la
« gardienne des libertés publiques, et, avant
« toutes les autres, de la liberté individuelle.
« Quand donc a-t-elle pris cette noble attitude ?
« — Je cherche les arrêts qui ont protégé les
« faibles contre l'arbitraire de l'autorité, et je
« ne les trouve pas !... »

M. Garçon est sévère !

Qu'il se rassure cependant, la magistrature ne
faillira pas dans l'avenir, si tant est que ce
reproche puisse être justifié dans le passé, à la
noble tâche, en effet la plus noble de toutes, de
protéger la liberté individuelle !

La loi projetée, malgré le scepticisme assurément excessif du savant professeur, serait là,
s'il en était besoin, le jour prochain où elle sera
votée, pour aider puissamment à ce résultat si
légitimement et si ardemment souhaité !

Le dernier mot est au Parlement qui ne peut
que prêter une sérieuse attention au projet élaboré

avec autant de sagesse que de prudence par la
Commission de réforme judiciaire et de législation
civile de la Chambre des Députés (1).

La mort a creusé des vides cruels dans les
rangs de votre Compagnie au cours de l'année
judiciaire écoulée :

Au mois d'octobre dernier, vers cette même
date, nous apprenions avec tristesse que la
maladie venait de terrasser M. le Conseiller
honoraire Faton de Favernay. Malgré sa vigou-
reuse constitution, malgré les soins pieux dont
il était entouré, ce vénérable vieillard, après
avoir lutté pendant plus de deux mois contre le
mal, mourait, le 26 décembre 1900, dans sa
propriété de Raincheval, au milieu de sa famille
éplorée, à l'âge de 78 ans.

(1) Cette Commission est composée de MM. Cruppi, président ; Odilon-Barrot, Meyer, Pourquery de Boisserin, vice-
présidents ; Ferrette, Lauraine, le vicomte J. Cornudet, se-
crétaires ; Jonart, Gabiat, de Ramel, Loriot, Vival, Chastenet,
Raoul Bompard, Rogez, Isnard, Ordinaire, Théophile Goujon
(Gironde), Laroze, Hémon, Périllier, Cunéo d'Ornano, Las-
serre, Haussmann, Desjardins, Fernand Rabier, Trouillot,
Monsservin, Emile Chauvin, Deshayes.

Lorsque la Cour rendit, le 31 décembre suivant, les suprêmes devoirs à ce Collègue regretté, grande fut l'affluence de ceux qui tinrent à l'accompagner à sa demeure dernière. Mais combien plus nombreux eut été le funèbre cortège si avait pu s'y joindre également la foule innombrable de ceux que, durant une longue existence consacrée au bien, M. Faton de Favernay avait obligé.

La plupart d'entre nous ont eu l'heureuse fortune de connaître celui que M. l'Avocat général Bottet, salua, en 1892, à l'heure de sa retraite, avec un si rare bonheur d'expressions.

Alors fut retracée, ici même, la longue carrière de celui qui n'est plus : on vous a dit alors ce que fût le magistrat, ce que fût le collègue, ce que fût l'homme privé ; on vous a dit son inexprimable bonté et sa charité incalculable : on vous a rappelé les circonstances mémorables qui, en 1867, lui avaient valu la croix de la Légion d'honneur, que votre collègue pouvait être doublement fier de porter, puisqu'elle était la légitime récompense, en dehors de tant d'autres mérites, du noble dévouement dont il fit preuve, l'année précédente. Alors, sévissait à Amiens la terrible épidémie de choléra qui menaça, un instant, tant fût grand le nombre des victimes, de transformer

la Ville en une navrante et vaste nécropole.
Comme plus tard, lors des jours sombres de
l'année terrible, M. Faton de Favernay, en 1866,
exposa mille fois sa vie dont il avait fait d'avance
le sacrifice en accourant là même où était le
danger !

« On ne se sépare jamais de tels Collègues,
« disait M. Bottet, sans un serrement de cœur. »

J'ajouterais, Messieurs, sans un profond cha-
grin, puisque aujourd'hui, n'est-ce pas, la séparation est maintenant complète...... irréparable !

A ce premier malheur devait bientôt inopiné-
ment en succéder un second.

En effet, le 20 janvier suivant, moins de trois
semaines après les obsèques de M. Faton de
Favernay, nous apprenions avec une douloureuse
stupeur la mort prématurée de M. le Conseiller
Prouvost.

Notre regretté Collègue venait de succomber
aux suites d'une maladie, grave sans doute, mais
dont la marche trompeuse est venue le ravir à
notre affectueuse estime, au lendemain même du
jour où ses nombreux amis avaient conçu l'espoir
d'une guérison que nous appelions de nos vœux
ardents.

Et alors que la Cour à laquelle il appartenait depuis le 16 décembre 1898, devait compter, pendant longtemps encore sur son concours si apprécié, il était enlevé, à l'âge de 59 ans, à une carrière où sa valeur personnelle pouvait l'autoriser à prétendre à de plus hautes destinées.

Fils d'un avoué à la Cour d'Amiens, M. Prouvost, après de brillantes études, se destinait au notariat, quand éclata la guerre de 1870.

Il fit alors noblement son devoir ; la fin de cette néfaste campagne le trouva capitaine adjudant-major dans l'armée de Faidherbe et proposé pour la croix de la Légion d'honneur.

Revenu à Amiens il se fit inscrire au Barreau.

C'est à l'école de M. le Sénateur Dauphin, une des illustrations du Parlement et du Barreau et dont il devint le secrétaire, que Me Prouvost acquit l'expérience des affaires. Un précédent stage dans une étude de notaire lui avait déjà beaucoup appris, la collaboration avec un maitre de la parole développa vite ses brillantes qualités.

M. Dauphin, devenu Procureur Général à Paris, offrit à son ancien secrétaire d'entrer dans la magistrature avec un poste de choix. Me Prouvost déclina une proposition si séduisante pour rester au Barreau. Il fut inscrit au tableau, le 25 octobre 1875.

Vous savez, Messieurs, la grande situation qu'il occupa bientôt ; il l'avait conquise par son talent, sa science du droit et ses habitudes du travail.

Appelé par ses confrères à faire partie du Conseil de l'Ordre, ils lui conférèrent ensuite, à plusieurs reprises, les honneurs du bâtonnat.

Tous ou presque tous nous avons entendu l'éclat de cette parole nette et incisive qui a si souvent retenti dans cette enceinte, s'élevant parfois jusqu'à la véritable éloquence et dont l'écho, à cette heure encore, est à peine affaibli.

La cause, Me Prouvost l'exposait simplement et avec une parfaite lucidité, puis déployait ensuite, dans la discussion, une netteté et une puissance de dialectique que nous eûmes si souvent l'occasion d'admirer dans ses plaidoiries.

Causeur spirituel, parfois caustique, il excellait à conter, dans l'intimité, avec une verve enjouée, l'anecdote humouristique assaisonnée de sel gaulois.

C'était une intelligence d'élite, un grand cœur dont il dissimulait les qualités sous un apparent scepticisme.

Grande restera notre admiration pour l'avocat, fidèle restera parmi nous le souvenir de M. le Conseiller Prouvost.

Si jamais la limite d'âge eût des rigueurs dont nous regrettons tous l'inflexibilité c'est le jour où elle est venue priver la Cour, le 17 février dernier, de la collaboration si précieuse de M. le Conseiller Labouret.

Votre Compagnie n'a pas oublié, en effet, le concours éclairé et infatigable que lui apporta, durant presque 20 ans, ce Collègue laborieux. Son esprit scrupuleux servi par la sûreté d'une expérience consommée, d'une érudition toujours en éveil, avait conservé jusqu'au dernier moment l'amour passionné de ses fonctions.

Petit-fils d'un notaire de Laon, qui fut l'honneur de sa profession, M. Labouret succéda, en 1857, à son père avoué dans cette ville pendant 30 ans.

Après avoir lui-même dirigé honorablement l'office paternel durant 23 années, il sollicita son entrée dans la magistrature.

Nommé le 11 août 1879 Juge suppléant au Tribunal de Laon, il devint, l'année suivante, le 21 décembre 1880, Juge d'instruction au même siège. Ses fonctions particulièrement absorbantes dans un arrondissement aussi populeux, nous devinons avec quel soin il dût les remplir pendant le peu de temps qu'il les conserva. En effet, dès le 14 mai 1881, M. Labouret était appelé à l'honneur de siéger à la Cour, auprès de trois de ses anciens camarades de l'Ecole de Droit, MM. les Conseillers Dequin, Oudin, de Namurov, trois magistrats de haut mérite que votre Compagnie a trop tôt perdus.

Cet avancement si rapide, s'il fût le résultat d'un heureux concours de circonstances (selon la modeste expression de notre Collègue), était justifié par un réel mérite qui eût dans vos délibérations l'occasion de s'affirmer et d'être souvent mis en relief.

M. le Conseiller Labouret nous reste attaché par les liens de l'honorariat ; il nous a quitté sans avoir reçu la légitime récompense de ses services. Mais l'avenir, pourquoi ne pas l'espérer, pourra réparer le passé.

Nous nous réjouirons toujours de revoir notre Collègue, qui a fixé sa résidence dans l'Aisne, lorsqu'il reviendra, ce que nous souhaitons vivement, assister à nos audiences solennelles.

Un troisième deuil a frappé la Cour lors du décès de M. le Conseiller honoraire Breuil, survenue à Paris, le 20 juillet, à l'âge de 87 ans.

D'abord notaire à Amiens, M. Breuil était entré dans la magistrature comme juge suppléant au Tribunal de cette ville : juge titulaire à Senlis, puis à Amiens, il était nommé, en 1860, président de l'important Tribunal de Laon où il a laissé le souvenir d'un magistrat expérimenté, à l'esprit méthodique, d'une parfaite intégrité.

En 1869, ses mérites éprouvés l'appelaient à venir siéger dans votre Compagnie. C'était le digne couronnement d'une existence de travail. La limite d'âge le trouva, en 1883, encore actif et toujours laborieux. Il fût alors regretté par ses collègues qui appréciaient sa haute valeur, son urbanité et son exquise politesse.

Ce beau vieillard, énergique, dont les années n'avaient pu courber la taille, semblait devoir défier le temps.

La Cour, dont il fut, durant 14 ans, l'un des membres les plus justement honorés, adresse à ses deux fils ses condoléances sincères.

MESSIEURS LES AVOCATS,

Si la Magistrature a la noble tâche, la plus noble de toutes, de protéger la liberté individuelle, l'exercice de votre belle profession vous impose, à vous, ses auxiliaires précieux, celle non moins élevée de la défendre quand vous la supposez injustement atteinte ou simplement menacée.

Il est donc trop naturel de rencontrer beaucoup

de vos confrères parmi les champions les plus ardents de la réforme qui vient de faire l'objet de cette étude.

En 1896, en semblable occasion, à cette même place, chargé du périlleux honneur de retracer les brillantes étapes de la belle carrière de feu M. le Premier Président Daussy, je vous disais :
« que mes paroles (que j'eusse désiré éloquentes)
« avaient dû trouver un écho dans vos cœurs et
« que jamais, d'ailleurs, fierté ne devait être plus
« légitime que la vôtre, à la pensée que ce magis-
« trat si éminent, avant d'avoir appartenu à la
« Cour puis présidé à ses délibérations, avait illus-
« tré cette barre, en compagnie de contradicteurs
« dignes de lui.... ».

Vous aviez droit, aujourd'hui, d'être animés du même sentiment de légitime fierté quand, tout à l'heure, je m'efforçais, dans une esquisse trop rapide, de vous rappeler les grandes qualités de votre ancien bâtonnier, de M. le Conseiller Prouvost.

Messieurs les Avoués,

Vous êtes appelés, le plus souvent, par vos fonctions, à assister les justiciables dans la défense du droit de propriété et de leurs intérêts pécuniaires, le mérite n'est pas peu appréciable car la Cour connait le soin que vous apportez toujours à l'instruction des procès.

La réforme que j'ai étudiée est cependant digne de la sollicitude de tous puisqu'elle tend à protéger le plus précieux de tous les biens, la liberté individuelle.

Le jour où le projet de Ramel sera devenu loi, vous n'avez pas oublié que, dans son article 11, il réserve expressément une action civile aux victimes des détentions arbitraires. Mais nous espérons et vous souhaitez comme nous, que jamais vous n'aurez à instruire devant cette juridiction, des instances de cette nature. Mal fondées, en effet, vous useriez, comme vous le faites toujours, de votre légitime influence, pour dissuader le plaideur de persister dans un procès téméraire ; fondées, au contraire, elles seraient la constatation attristante qu'en notre siècle encore, on a pu avoir été coupable ou victime d'une détention arbitraire ou de tout autre acte attentatoire à la liberté.

Ce discours terminé, M. le Substitut du Procureur général a requis, au nom de M. le Procureur général, qu'il plût à la Cour lui donner

G.

acte de l'accomplissement des prescriptions de l'article 34 du décret du 6 juillet 1810 et admettre les Avocats présents à la barre à renouveler leur serment.

Il a été fait droit à cette réquisition et sur l'invitation de M. le Premier Président, les Avocats ont renouvelé leur serment.

Puis M. le Premier Président a remercié au nom de la Cour les Autorités et les personnes qui, sur son invitation, avaient assisté à l'Audience solennelle et il a déclaré cette audience levée.

3194 D. — AMIENS, IMPRIMERIE DU PROGRÈS DE LA SOMME.

www.ingramcontent.com/pod-product-compliance
Lightning Source LLC
Chambersburg PA
CBHW030926220326
41521CB00039B/982